「老女人」

的生命尋訪：
女性主義老年學研究

A Feminist Gerontological
Study of "Old Women"

作者／陳明莉

巨流圖書公司印行

國家圖書館出版品預行編目（CIP）資料

「老女人」的生命尋訪：女性主義老年學研究
／陳明莉 著.-- 初版 . -- 高雄市：巨流圖書股
份有限公司，2022.01
　　面；　　公分
　　ISBN 978-957-732-646-1（平裝）

　　1. 女性 2. 性別研究 3. 老人學

544.5　　　　　　　　　　　　110021208

「老女人」的生命尋訪：

女性主義老年學研究

作　　　者	陳明莉	
編　　　輯	沈志翰	
封 面 設 計	毛湘萍	
發 行 人	楊曉華	
總 編 輯	蔡國彬	
出 版 者	巨流圖書股份有限公司	
	80252 高雄市苓雅區五福一路 57 號 2 樓之 2	
	電話：07-2265267	
	傳真：07-2233073	
	e-mail: chuliu@liwen.com.tw	
	網址：http://www.liwen.com.tw	
編 輯 部	100003 臺北市中正區重慶南路一段 57 號 10 樓之1 2	
	電話：02-29229075	
	傳真：02-29220464	
劃 撥 帳 號	01002323　巨流圖書股份有限公司	
購 書 專 線	07-2265267 轉 236	
法 律 顧 問	林廷隆律師	
	電話：02-29658212	
出版登記證	局版台業字第 1045 號	

ISBN：978-957-732-646-1（平裝）

初版一刷·2022 年 1 月

定價：380 元

自序

　　大家都說：「女人怕老！」沒錯，比起男人，大部分女人更怕老。雖然，老會讓人有更接近衰弱、疾病和死亡的焦慮和恐懼，所以，男人女人一樣怕老。然而確實有研究顯示，女性怕老的程度比男性高出二到三倍[1]，特別是在異性戀霸權的社會[2]。不過，我們要知道，女人怕老並非天生，更不是自尋煩惱，女性怕老是「社會生成、文化促成」。更清楚地說，女人怕老是因「父權社會」而生，是因「厭老文化」而起。

　　很多女人為何想盡辦法，試圖掩飾歲月的痕跡？誠然，有些人是「女為己悅而容」，然而，在從小就教化女性：男人是女人的依靠、婚姻是幸福歸宿的異性戀父權社會腳本中，更多女人怕

1　Vicky C. Tomlin(2006). Age group and gender differences in fears of aging. Rowan University Theses and Dissertations. https://rdw.rowan.edu/etd/940

2　同性戀社群與異性戀社群的男女在看待老化的態度上，各異其趣。研究指出，與女同志受訪者相比，男同志對同性戀社會（gay society）及他們本身如何看待自己的老化持更多的負面看法。此外，男同性志更有年齡歧視，更害怕別人的負面評價，並且更重視自己的身體吸引力。見 Schope R. D.(2005). 'Who's afraid of growing old? Gay and lesbian perceptions of aging'. Journal of Gerontology Social Work, 45(4): 23-38.

的是「人老珠黃，春殘花謝」，怕的是「色衰而愛弛，愛弛則恩絕」，怕的是「紅顏未老恩先斷，斜倚熏籠坐到明」。

是何原故？讓那麼多女人對老如此忐忑不安，擔心無人垂愛、恩絕情斷。主要原因是，在父權體制的社會，男人往往掌握界定女人生命價值和生命意義的權力，成為女人無法擺脫的生命羈絆，於是，害怕變成「剩女」、「棄婦」或「黃臉婆」的心態，就會成為眾多女性的集體焦慮。因為，在婚姻或愛慾的世界裡，比起「老女人」，許多男人更喜歡一些「涉世未深」，甚至「零經歷」的年輕女孩，以滿足「大男人主義」的虛榮心和控制慾。

法國 53 歲的知名作家、電影導演和電視節目主持人穆瓦科斯（Yann Moix）就曾囂張的宣稱：「沒有辦法愛上 50 歲的女人」，並說：「50 歲的女人真的太老了，可以當她們是隱形。」這種大男人主義的狂言妄語，引來法國女性主義作家肖萊（Mona Chollet）的痛斥，罵穆瓦科斯是「可悲的公畜」（sad sire）[3]。然而，世上具有這種大男人主義心態者何其多，已故文人李敖 76 歲時，也曾氣沖沖地指稱當時 47 歲的張蘭（藝人大 S 婆婆，曾獲「中國餐飲界十大最具影響力人物」）是「滿臉橫肉的老女」、「就算意淫也輪不到她」[4]。所以，追根究柢，「女人怕老」是異性戀父權社會宰制下的產物，是男性中心的審美偏好「稚齡

3　2019/01/08 https://www.reuters.com/article/us-france-women-idUSKCN1P212T

4　2011/05/07 NOWnews/ https://www.twstar.biz/6383.html

化」，才造成許多缺乏主體性，特別是「以色事人者」的女人「身不由己」。

　　這麼說，難道「女人怕老」都是男人的錯？也不是，因為在「青春崇拜」、「厭老文化」的社會裡，許多年輕女性也忽視、歧視老女人，她們怕老的焦慮更甚於老年女性[5]。而且，不只年輕女性懼怕老年，許多年老女性一樣會拒絕自己。所以，我們常見女人在一定年齡後，就會排斥攬鏡、拍照，就是不忍心看到自己日漸衰老的容貌。她們總是羨慕、模仿年輕女性的生命樣貌，並且謊稱自己還很年輕。顯而易見的，在充滿「年輕癡迷」的社會，不只老男人喜歡吃嫩草，眼裡看不到老女人，老女人何嘗不愛小鮮肉，談起老男人常常嗤之以鼻。因此，「厭老」很多時候不單是性別問題，更涉及權力關係的強弱位置。在「恐老」文化充斥下，老男人和老女人也會相看兩生厭。只是，在男性宰制的社會裡，「大男人」總是比「大女人」多罷了。

　　從「女性主義老年學」（feminist gerontology）的觀點，在父權社會中，女人一生除了常遭受性別不平等的壓迫之外，還會因年老而受到社會的歧視，更因而造成許多老年婦女的自我貶抑、自我排斥。一個女人最糾結和矛盾的是，已經邁入中高齡的生命階段，卻要拋棄因歲月淬鍊而成，所散發出純熟、優雅與智慧的氣質，反而幻想、誇稱擁有一顆「幼稚」的心。然而，這種「幼稚」早非童年的純真、好奇，只能說是老年撒嬌式的「任性」，

5　同註1。

是對老年恐慌、焦慮的典型反應，心底吶喊的是：「我不要當老人！」。

　　高齡 95 歲的英國女王伊莉莎白二世向來給人身體硬朗、健談風趣印象，英國樂齡雜誌《The Oldies》原擬選她為 2021 年「年度老人」（Oldie of the Year）[6]，但女王卻說心態決定年齡，只要心不老，人就不老，認為自己不符合領獎資格，婉拒雜誌一番美意。女王透過私人祕書貝克（Tom Laing-Baker）回函「年度老人獎」主席布蘭德雷斯（Gyles Brandreth）說：「女王陛下深信，年齡大小由個人心態決定，因此女王認為她不符合領獎標準，希望您能找到更值得獲得此殊榮的得獎者。」（Her Majesty believes you are as old as you feel, as such The Queen does not believe she meets the relevant criteria to be able to accept, and hopes you will find a more worthy recipient.）可見，即使睿智如英國女王伊莉莎白二世，仍然不想被貼上「老」的標籤，難怪一般人對「老」避之唯恐不及。

　　然而，我們必須思考，當高齡者企圖用年輕來界定生命的價值，否定老年存有的事實，會進一步將自己推入更邊緣的地位，無法積極建構、彰顯老年生命的意義，只能沉浮於青春的浪潮，

6　《The Oldies》創立的年度老人獎至 2021 年已有 29 年歷史，主要頒發給對公共生活作出特殊貢獻的年長者，包括諾貝爾獎得主、社區護理護士、資深運動員，前英國首相梅傑（John Major）、已故金像影后奧莉薇德哈維蘭（Olivia de Havilland）、藝術家大衛霍克尼（David Hockney）等人都是歷屆獲獎者。女王的已故王夫菲利普親王也曾在 2011 年 90 歲時獲得此項殊榮。

隨波逐流。最後，仍舊被無情地拋擲在孤冷的沙灘，望著逝去的浪花歲月掩面嘆息。美國流行歌壇天后瑪丹娜（Madonna）就是最好的例子，她不甘於老年，時常張貼過度修圖美肌、濾鏡開很大的照片，甚至將 62 歲的容貌修成 26 歲的樣子，皮膚細緻、表情靦腆，卻遭網友狠酸一副「IG 臉」（insta-face），還勸她：「別再用濾鏡了！」其實，女人內心都知道，縱使濾鏡可以抹去歲月的痕跡，也無法掩飾歷經桑田的眼眸。恐老心態不但會造成「老年停滯」，失去創造老年美好的機會，更凸顯「生命倒退」現象。就像瑪丹娜一樣，回頭仍然要面對年輕的嘲笑。

最諷刺的是，更有些女性，總是女人難為女人，或是成為女性們的豬隊友，常常有意無意地成為壓迫的共謀者。在新聞報導中，「老女人」或「老查某」的污名，不只是男人對女人的詆毀，也常常出自於女人對女人的鄙視或指責。如今，「老女人」已被法院貼上「公然侮辱」的標籤，認定足以貶損他人人格[7]。因此，年老女性的生命困境，在於必須面對「男性霸權」與「年輕霸權」的雙重宰制。到了晚年，常常因為性別、年紀而被嫌棄。

1970 年代起，面對老年女性被歧視、貶抑和壓迫的事實，西方一些女性主義者的「年齡意識」逐漸萌芽，她們力圖擺脫年輕的迷思，主張從「老女人」的視角看世界，只是在女性主義運動中並未造成廣泛的迴響。1970 年，法國女性主義作家 Simone de Beauvoir 在《老年》（*La Vieillesse* / *The Coming of Age*）一書，

7　2020-12-06 聯合報新竹即時報導；2012-03-07 ETtoday 社會焦點。

率先將老年納入女性主義的理論視域。1972 年，美國著名女性評論家 Susan Sontag 在文學雜誌《周末評論》（*Saturday Review*）發表〈老化的雙重標準〉（The Double Standard of Aging），描繪社會對老年婦女的不公，以及面對年輕宰制文化壓力下，「老女人」的生命艱難。

隨後，相繼有 Betty Friedan、Barbara MacDonald、Margaret Gullette、Cynthia Rich、Germaine Greer、Lynne Segal，還有 Toni M. Calasanti 和 Katherine Woodward 等女性主義者，也從文化理論、女性文學或年齡研究（age studies），探索女性生命的老年面向。只是，相較於女性主義運動的波濤洶湧，「年齡意識」或「老年女性」在女性主義的研究與實踐中，仍然是雲淡風輕、聊備一格，很少被納入主流的核心範疇。

台灣性別平等運動與學術研究比較缺乏年齡意識，對老年女性的關注相對不足，很少考量年老女性與年輕女性生命境遇的差異，一般學術期刊也極少登載相關研究。一些女性主義者，年輕的時候尚未體驗到老年的困境，不曾為老年婦女發聲，當老了想要說話時，卻猛然發覺已經時不我與，不但失去舞台，也失去發言權，成為不被看見的「她者」。

《「老女人」的生命尋訪》是我繼 2010 年《身體再思考》（巨流出版）後，所撰寫的第二本有關「女人與老化」的研究專書，旨在以老年女性的生命為主體，去探索「老女人」生活的困頓與生命的可能性，重建老年婦女的生命價值與尊嚴。本書分成四章，第一章〈我老，故我在〉重點在進行「女性主義老年學」的探討，

強調從老年女性的主體意識，破除社會「不老」迷思。「女性主義老年學」乃結合女性主義理論的性別意識，以及批判老年學對年齡階層結構的觀點，探討性別差異在老年時期對自我定位和生活世界的影響，分析在年齡和性別的雙重壓迫下，透過資本主義流行文化老年污名的符號傳播，如何塑造老年女性的生活經驗與身分認同，因而喪失自我價值與社會機會。

「女性主義老年學」在台灣仍然屬於未開發的理論觀點與研究領域，即使在國外，也是斷簡殘篇散居各處。本文經由文獻蒐集和梳理，從老年學、女性主義的理論與歷史發展，分析老年女性長年受忽視的事實與原因，綜理「女性主義老年學」形成背景，並且經由詮釋性理解統整出理論要旨，讓「女性主義老年學」的理念思維，能夠較有系統、清楚且完整的呈現。

第二章〈「老女人」的生命境遇與反思〉則系統的整理出從1970 年代至今，一些具有年齡意識的西方女性主義者，所揭露的「老女人」的邊緣化與被宰制的現象，主張擺脫青春的牽絆，突破年輕的迷思，並且尋找老年女性的解放力量，為生命找到出口。這些女性主義者皆指出，年老最怕陷入青春的泥淖而不可自拔，老年如果只迷戀、執著於青春，就等於拒絕自己、排斥自己，不但不能活出老年的生命風格，一味模仿青春的結果，更將自己推入無底的深淵，只得不斷的偽裝、不斷的說謊。

這些女性主義者都鄙視那些假裝自己比實際年齡年輕的人，認為任何拒絕老年的方式，都無異自掘陷阱。面對「年輕霸權」的宰制，許多老年女性往往找不到生命的出口，只能在青春勢力

下抑鬱以終。但這些女性主義者認為，老年並不是人類生活的必要結束，它可以通過各種調整和自動反應，通過實踐知識和智力知識來補償損失、退化和失敗。就像 Beauvoir 說的，如果老年不是對我們過去生活的荒謬模仿，那就是繼續追求賦予我們存在意義的目的，獻身於個人、團體或事業、社會、政治、智力或創造性工作。

第三章〈高齡社會的「性別化年齡歧視」與老年婦女權益的主張〉則指出在高齡社會中，許多人都忽視的「老化女性化」（feminization of ageing）現象，也忽視「性別化年齡歧視」（gendered ageism）的事實，因而忽視了對老年女性的困境與權益的關注。老年婦女由於長年性別不平等的累積，往往必須面對許多生活的壓迫與威脅，造成生命的脆弱性，包括貧窮、獨居、照顧者的角色承擔與養護的需求等等。因此，雖然女性平均餘命較長，但許多人卻無法享受有品質的晚年生活。

對於女性來說，老往往是年齡歧視和性別歧視交織疊成的雙重傷害。她們不但比男性更年輕的時候就遭受年齡歧視，受歧視程度也比男性更加嚴重。這種「性別化年齡歧視」，是性別歧視新的變種，也是性別歧視的偽裝運作。由於性別和年齡的雙重歧視，老年婦女常遭受忽視、虐待或暴力。一些生活上的基本權利，如經濟、健康、居住，也都常面臨許多障礙。如何解決這些問題，成為高齡化社會中最大的挑戰。

本書第四章〈高齡女性粉絲文化研究〉是對老年婦女的生活世界進行經驗性的探討。在多數人的刻板印象中，老年、科技、

網路、情感從未有交織、匯集與融通的可能性，因而產生誤解、漠視的現象，看不出老年生活世界的新契機。在邁向超高齡化，人們卻普遍恐老、厭老，甚至仇老的社會裡，真實理解與描繪一群顛覆社會主流期待的老年女性粉絲的追星實踐，對貶低和歧視老年婦女的主流社會結構提出挑戰，突破關於老年生活的局限性想像，成為老年女性研究重要宗旨與意義。

　　本研究以韓國歌手黃致列的高齡粉絲為例，透過年齡與性別交織的視角，並結合老年社會學的觀點，對高齡者如何在日常生活情境中運用新通訊科技以實現自我、擴展生活、社會互動和情感連結，藉此重新定義自己成為流行世界的參與者，甚或促成個人解放或賦權進行細緻考察。希望從這些高齡粉絲的主體經驗出發，對當前的主流性別規範與年齡規範進行反思與解構，並思考更多的可能性。此外，也希望透過呈現這群有別於社會期待與想像的高齡粉絲的多元樣貌，破除人們對於老年生活的局限性想像。

　　老是人生必經之路，也是生命的另一番境界。曹雪芹在《紅樓夢》說：「女人是水做的骨肉」，看起來清爽。若此，「老女人」的骨肉更像是「水泥」做的，顯現生命的堅毅。女人老了，沒人慣著、沒人寵著、沒人哄著，因而，更能獨立自主的活出生命的踏實。

　　本書的撰寫與研究，基本上仍然沿襲兩性的觀點進行探討和分析，並未觸及性少數的老年生活世界，因此，從性／別研究的角度而言，視野仍然有其侷限。做為一名年過 50 的異性戀社會

裡的已婚女性，盼望的是，全世界的女性，年老，不必低眉折腰，也無需偽裝潛行。縱然生命是一條冰冷的長河，蜿蜒於荒郊野外，面對歲月的磨蝕，依然優雅的走向人煙，自在、瀟灑，故我行吟。

陳明莉　寫於 2022 年 1 月

目錄

第 1 章

我老，故我在
女性主義老年學的理論探究

壹、前言

急速高齡化是世界各國必須面對的社會趨勢。台灣早於
1993 年進入「高齡化社會」（aging society，65 歲以上人口占
7%），2018 年成為「高齡社會」（aged society，65 歲以上人口
占 14%）。依國家發展委員會中華民國人口推估（ 105 至 150 年）
資料顯示，2026 年將邁入「超高齡社會」（super-aged society，
65 歲以上人口占 20%）（國家發展委員會，2006）。依據內政
部統計，110 年 7 月底，65 歲以上人口 3,870,066 人，占總人口
的 16.49%。其中男性 1,762,445 人，女性 2,107,621 人，男性占
女性的 83.62%，女性老年人口高於男性，而且隨著年齡增加，
男女性別比例逐漸降低。80 歲以上人口，男性更降到女性的
74.66%（內政部統計處，2021）。

　　然而，老年人口女性比男性多，活得比男性久，生活品質卻比男性差。依據衛生福利部 107 年完成的「老人狀況調查性別分析」發現，老年女性喪偶的比率 43.5%，高於男性的 12.7%，獨居率也比男性高；老年女性罹患慢性疾病比率增加速度較男性快，三項衰弱指標均高於男性；老年女性日常生活有困難比率 14.59%，高於男性的 11.21%，且隨著年齡增加女性的生活困難度也提高；老年女性有 62.07% 擔任家庭主要照顧者角色，高於男性的 37.93%，因而影響家庭關係、社交活動和自身健康；老年女性經濟來源 36.96% 來自配偶或子女，明顯高於男性的 18.6%。來自於自己收入或退休金的老年女性有 45.3%，低於男性的 67.0%，顯示老年女性經濟依賴性明顯高於男性（衛生福利部，2018）。

　　凡此種種數據顯示，比起男性，老年女性確實面臨更多生活的困境。然而，有關於老年女性的研究卻缺乏足夠的關注。雖然，在高齡化的社會裡，老年學（gerontology）已經成為生物、醫學、政治、經濟、心理、文化和社會研究領域中，不可或缺的一環，甚至成為多學門研究的交叉點。然而，在老年學的發展過程中，往往忽略性別意識的思考，缺乏女性主義的視野。很長的一段時間，老年／人的研究，總是依循男性的角度，從父權體制或男性中心的立場，探討老年議題，因而遮蔽了女性的形貌或女性的真正問題。

　　另一方面，在學術歷史上，女性主義的理論與研究，甚至於實踐行動，也一直忽視老年女性的存在。許多女性主義者，仍醉

心於少女／年輕女性主義的情懷，很少以老年的角度思考問題，為老年婦女發聲。她們大都只關注年輕或中年婦女的權益、地位，及其他相關的生命問題，包括婚姻、生殖、工作、母職、性騷擾或兒童養育等等。女性在晚年時所面對的問題，例如身體、健康、醫療、寡居、經濟依賴或家庭角色的改變與壓迫，或包括老年女同志議題等等，不但無法透過一般女性主義的思考和行動獲得解決（Cruikshank, 2003），也因而掩飾了女性老化的事實真相（Calasanti & Slevin, 2001）。

然而，無論老年學或女性主義的學術研究或實踐行動，必然無法迴避老年女性所面對的諸多問題。從人口統計學角度，女性平均壽命比男性長，老年女性人口比男性多。但壽命長、人口多，不見得活的幸福，也不見得能獲得平等對待。因此，對老年女性議題的關注，應該成為老年學和女性主義研究的主要議題與思考面向之一。

從社會結構分析，男尊女卑的性別關係，雖然在年輕世代已獲得相當大的改善，在老年世代仍然根深蒂固。在家務分工和角色期待上，老年女性很容易、很自然的被視為照顧者，不但無法脫離父權體制的框架，限制生命發展，也較有可能成為被壓迫者或被剝削者。

此外，在老化過程中，不同性別的生命體驗和社會處遇也顯現多種差異。經濟層面上，由於年輕在職期間工作與收入的不平等，以及傳統家庭中，男主外與主內的角色分配，許多女性往往成為無薪或低薪工作者，使得老年時的經濟來源不但缺乏穩定

性，經濟水平也比男性低，因而成為經濟的依賴者，造成許多女性年輕從夫、年老從子的現象；身體外貌上，由於老化的雙重標準（Sontag, 1972），比起男性，老年女性身體的老化跡象，往往成為負面的社會意象，遭受更多社會歧視與排斥，失去更多的機會與價值，在性別和年齡的雙重歧視下，淪為社會關係的弱勢者。

女性主義老年學（feminist gerontology）基於女性主義理論的性別意識，以及批判老年學（critical gerontology）對年齡階層結構的觀點，強調性別角色在老年時期的自我定位和社會處遇中的影響，去分析政治、社會、文化和經濟力量，如何塑造老年女性的生活經驗與自我認同，並挑戰性別權力關係的合理性（Freixas, Luque,& Reina, 2012; Lazar & Nguyen, 2017）。

女性主義老年學的研究重點，主要集中在生命歷程中，年齡、性別的權力關係及其壓迫（Hooyman, Browne, Ray,&Richardson, 2002）。它跨越了年齡與性別的分離思考，關注年齡、性別、族群、地位、角色、收入、老化和失能，彼此相互交織的影響。此外，女性主義老年學更致力於文化、制度和結構的改變。Ruth E. Ray（1996：676）將女性主義老年學描述為：「經由態度、角色、信仰和刻板印象的改變，重新建構老年人的社會地位……，並且增加政治的主體性。」女性主義老年學的發展，期待能為老年婦女提供了新女性主義的理論探索和實踐策略，以幫助她們充分的自我發展，提高晚年的生活品質。

在台灣，女性主義老年學仍屬於未開發的理論觀點與研究領

域。即使在國外，除了 J. Dianne Garner（1999）編著的《女性主義老年學的基本原理》（*Fundamentals of Feminist Gerontology*）和 Toni M. Calasanti 與 Kathleen F. Slevin（2001）合著的《性別、社會不平等和老化》（*Gender, Social Inequalities,and Aging*）以外，有關女性主義老年學的論述，雖然為數不少，卻斷簡殘篇的散居各處，蒐羅匪易。本文經由諸多文獻資料的蒐集和梳理，從老年學、女性主義的理論與歷史發展，分析老年女性長年受到忽視的事實與原因，探討女性主義老年學形成的背景，並且經由詮釋性的理解提出其理論要點，讓女性主義老年學能夠較有系統、清楚且完整的呈現。因此，往後得以不同的角度來關注和研究「老女人」的議題，為老年婦女找到生命的出口。

貳、男性思維的老年學研究

老年／人或老化的研究由來已久，然而，直到 20 世紀，老年學才逐漸進入科學研究的領域。自 1960 年代以來，有關於老年／人的社會、心理、文化的重要理論紛紛被提出，包括撤退理論（disengagement theory）（Cumming & Henry, 1963）、活動理論（activity theory）（Havighurst et al., 1968）、發展理論（developmental theory）（Neugarten, Havighurst, & Tobin, 1961）和符號互動理論（symbolic interactionist theory）（Mead, 1934）等等。

Cumming 和 Henry（1963）提出的撤退理論認為，老年

人與社會都會經歷一種自然和不可避免的相互撤退（mutual withdrawal）過程，對老年人和社會都有正面的功能。因此，活動水平和社會參與的降低，被認為是「正確」的老化指標。這種理論常被當作把老年人排除在社會活動之外的理由，讓老年人成為「無角色」（roleless）的人，不但將年齡歧視合理化，也成為老年社會死亡或終結的讚歌。

Cumming（1964）將撤退理論應用到老年女性，聲稱由於婦女過著更平順的生活方式，所以撤退對於她們來說是相對容易的過程。Cumming 認為女性的角色，在一生中沒有什麼變化，不會經歷重大的轉變。因此，與男性相比，女性退出社會活動的難度要小一些。Kline（1975）批評，這種對婦女和老化的分析，忽略了婦女生活狀況的不連續性和無常。事實上，由於傳統男尊女卑的社會體系，女性的婚姻狀況、家庭角色和工作職位等等變動，常常更甚於男性。撤退理論主要以男性的思維，關注到的是工作職場與公共領域的活動。這種隱含男主外女主內的傳統思維預設，並不適合現代女性的生涯發展。況且，很多時候，女性在家庭往往扮演照顧者角色，並未隨著年齡的增長而有變化，撤退理論未能解決老年女性生命的難題。

與撤退理論相對的是老年活動理論，主張老年人不應從社會舞台撤退出來，社會融入和活動參與，才是令人滿意老化的標準（Havighurst et al., 1968）。活動理論認為老年時期，應該盡可能保持中年的活動與態度。若不能不放棄時，也必須找到其他替代角色或活動。例如，因退休而放棄工作，可用俱樂部或社團活

動來取代；親戚過世，可用朋友來取代。

　　然而，活動理論與撤退理論一樣，都犯了單向思考的弊病，忽略老年生命的多元性，無法充分解釋老化的生命樣態。事實上，積極、忙碌的生活方式，不必然會帶來幸福。而且，以活動理論為基礎的研究，主要關注的是失去角色的取代，對於女性而言，即將先前女性個人與社會聯繫的角色喪失後，用新的角色取代的努力與需求。然而，Lopata（1970）對美國喪偶婦女的研究發現，缺乏參與社會活動在很大程度上，是社會忽視的結果。只要求老年婦女的個體行動，無助於那些生活模式已被打破的婦女重新參與社會活動的機會。

　　Lopata（1973）的一項研究指出，老年婦女的社會參與程度，反映的是她們的社會經濟地位。但是，她所提議的解決方案，卻仍然定位在個人層次，忽視社會結構因素，認為老年婦女如能通過多方面改變自己，以符合特定的標準，她們就能實現令人滿意的老化，未能進一步去詢問，為何老年婦女會缺乏技能、資金、教育和能力，進而喪失活動參與的機會。

　　Jacobs（1976）為老年婦女提出了 13 種不同的角色，她認為有助於釐清美國老年女性所面臨的現實。她建議將這 13 個角色作為一個概念架構，以便老年婦女可以通過增加角色來豐富自己。她的結論是，老年婦女遭受著社會普遍存在的偏誤，但她也未能更深入的探討社會因素或性別的權力關係，而是從老年婦女自身的個人特質與努力中，找到解決此一問題的辦法。傳統的老年學可能會從個人經濟責任和文化水平的角度，來研究女性的退

休問題，而女性主義的觀點則會質疑，是什麼樣的社會經濟結構和政策使得老年女性，在幾十年的就業生涯後，仍然難以累積儲蓄，老了以後仍然貧窮、孤單、無助。

心理學家 Erik H. Erikson（1956）的「人格發展理論」，強調一個人的「自我」會隨著年齡的增長，內在生物性心理需求與外在社會環境的互動，不斷發展與取得平衡。個體與社會環境的互動中，一方面由於自我成長的需求，希望從環境中獲得滿足，另一方面又受到社會的要求與限制，使個體在社會適應中產生心理上的困難與衝突，Erikson 稱此為「發展危機」（developmental crisis）。發展理論認為老年的發展危機在於統整與失望，由於老化過程，老人的體力、精神和健康每況愈下，因此必須做出相應的調整和適應。自我調整是一種接受自我、承認現實的感受。老人回顧過去，可能懷著充實的感情與世告別，也可能懷著絕望走向死亡。

Neugarten、Havighurt 和 Tobin（1964）循著 Erikson 的理論思維，認為生命週期的每一階段，都有其必須面對的生命議題，老年的生命課題是如何將以往生活經驗加以整合（Neugarten, Havighurst, & Tobin, 1961）。發展理論認為老年的適應，主要取決於個人的人格特質。在老化心理學的研究中，老年人格的特質與類型、穩定與變化，成為重要的研究主題。例如，Reichard 等人將老年人格類型分為成熟型（mature type）、搖椅型（rocking-chair type）、裝甲型（armored type）、憤怒型（angry type）和自我贈恨型（self-hater type）。前兩者是適應良好的人格類型，

後兩者則屬於適應不良者（Reichard et al., 1962）。

　　Neugarten 等人也將老年人格類型分成統合型（integrated）、武裝型（armored）、被動依賴型（passive-dependent）和解組型（disorganized）（Neugarten et al., 1964）。然而，發展理論把發展的任務歸諸於個人的適應能力，並未質疑社會結構的正當性，把老年人分成不同的類型，這種分析把老化發生的社會脈絡看得微不足道，無視影響老化經驗的外部限制。

　　第四種用來探索和解釋老年人處境的理論架構是符號互動論（symbolic interactionist theory）（Mead,1934）。這個模型主要關注的是行動者賦予其行為和經驗的意義，並承認行為是在一套社會規則的脈絡下發生的。在解釋老年人處境時，符號互動論者的確指出諸如階級、種族和性別等外部社會因素對生命週期的影響，但對這些因素的分析，還未能給予足夠的重視。根據此一觀點，衝突被認為主要是對現實錯誤認知的結果，揭示行動者自己對其經驗的解釋，應該是研究老年的首要目標。

　　Mathews（1979）運用符號互動論的觀點來研究老年婦女的生活社會，並從其自身的角度來理解她們的經歷。研究指出，老年被認為是一種令人喪失名譽的屬性，以此挑戰生物決定論的假設。然而，此一分析僅局限於以微觀的視角來理解老年婦女對老的主觀理解。雖然 Mathews 對老年女性的生活提供了寶貴見解，但他對形塑老年婦女特殊自我形象的社會文化脈絡和政治經濟結構，卻著墨不深。

　　Russell（1981）對老化經歷展開研究，探索了老年人自我

對老年所賦予的意義。然而，Russell 並未處理她研究對象中，特定次群體的生命內涵或經驗來源的問題。儘管她認為婦女經驗和認同值得關注，但這無法在符號互動論的觀點下進行。此外，Russell 幾乎沒有挑戰老年人的社會刻板印象，這不僅影響問題的解決方案，也影響老年人看待自己及其處境的方式，因為，老年婦女的認知和自我形象，是在特定的社會歷史文化脈絡下建構的，在很大程度上只是反映了傳統的刻板印象。

在 1970 年代和 1980 年代，關於老化的研究從忽略性別轉向控制性別，將性別當作變項，然後描述基於性別差異的對比，很少去揭露社會結構或文化脈絡性的因素。其中，老年婦女的貧困，經常被描述為是由於個人特質，而不是由於就業結構、育兒和照顧弱者角色的原因（Calasanti & Slevin, 2001）。老年學的研究很少關注女性習慣性扮演的多重角色，或者同時擔任多重任務的生活負荷，所造成一輩子的傷害作用。特別是中年時期，往往公私兩忙，女性不但要忙於工作、照顧子女，還要照料年邁的父母，在缺乏系統和有效的支持下，會導致婦女必須承受高度壓力。

早年，除了 Laws（1995）等少數人將年齡作為一種複雜的社會關係之外，大部分的老年學者，幾乎都沒有將年齡關係理論化。年齡關係的概念討論，大抵包括三個向度：第一，年齡是社會組織的原則，是定義個體和群體的主要身份特徵之一；第二，不同的年齡群體彼此之間，藉此獲得認同和權力；第三，年齡關係與其他權力關係相互交織，共同影響著生命機會，以及享有經濟安全和身體健康的能力（Hendricks, 2003）。

　　長久以來，老年學一直受到醫療的宰制，將老人視為醫療的客體。有些老化研究基於商業利益，甚至借用女性的社會壓力，進行缺乏品質的醫學實驗，對女性更年期進行令人沮喪和污名化的解釋。停經的生理變化往往被醫療化、心理化和精神病化，以至於好長一段時間醫學界以及整個社會，甚至婦女本身，都將其視為一種疾病。很明顯的，隨著年齡的增長，婦女遭受的最大剝奪，乃源於與年齡有關的社會刻板印象，因而局限她們的生命機會，並使她們成為不可見的他者。

　　2000 年代，一些老年學家，包括 M. Minkler、T. Cole 與 H. R. Moody 等人，採取批判主義的取向，運用「生命歷程」（life course）和「社會建構論」（social constructionism），針對現代社會對老年經驗理所當然的解釋提出批判性的觀點，包括反對老化研究的「生物醫療化」（biomedicalization），以及資本主義經濟中老年角色的邊緣化，分析年齡關係的不平等如何形塑老年個體的日常生活經驗（Estes et al., 2001）。這些年來，這種「批判老年學」的研究取向，為女性主義老年學開拓了理論視野。

參、老年缺席的女性主義

　　女性主義歷史可以溯及 18 世紀的啟蒙時代，但在 19 世紀才逐漸形成組織性的社會運動。第一波女性主義浪潮大約發生在 19 世紀下半葉到 20 世紀初。在英國，主要訴求的是爭取女性經濟解放；在美國，則要求婦女能參與選舉投票。代表人物包括

英國的 Harriet Tylor Mill（1807-1858）、美國的 Elizabeth Cady Stanton（1815-1902）等等。

第二波女性主義開始於 1960 年代初，持續到 1980 年代。這個時期的女性主義思潮風起雲湧，觀點分歧多元，包括以 Kate Millet（1934-2017）、Catharine Mackinnon（1946-）等人為代表的激進女性主義（radical feminism），以 Juliet Mitchell（1940-）為代表的馬克思主義或社會主義女性主義（Marxist feminism / socialist feminism），和以 Betty Friedan（1921-2006）等人為代表的自由女性主義（liberal feminism）等等。她們關注的重點大致在工作權、生育權、墮胎、避孕、離婚問題，也關注家庭暴力、婚姻強暴等社會議題。

第三波女性主義運動起於 1990 年代，有別於以往的女性主義，第三波女性主義擱置了政治，將流行、消費成為女性主義的載體。除了關注種族議題外，也發展出酷兒理論（queer theory）、生態女性主義（ecological feminism）、黑人女性主義（black feminism）和後現代女性主義（postmodern feminism）理論等等。第四波女性主義始於 2012 年左右，焦點在媒體呈現與運用時的性別歧視，特別是在資訊時代 Facebook、Instagram 和 YouTube 的使用。根據 Kira Cochrane（2013）看法，第四波女性主義是「由科技定義的」，關注的問題包括在社交媒體中的性騷擾、身體羞辱、性別歧視等等。

回顧女性主義的發展史，老年／人相關議題明顯的受到有意無意的忽視，第三波女性主義者甚至不認為老年／人是值得關注

的議題。Catherine Orr（1997）指出，第三次波女性主義運動的重點，是年輕女性主義者的出頭與聯盟，在少女情懷與年輕本位的意識下，老年女性的隱身與退位成為理所當然的現象。於是，「年齡歧視」成為年輕女性主義者面對老年問題時，所採取的一種默許姿態，或刻意的忽視，甚至成為共謀者。

　　其實，不僅第三波女性主義對老年／人的視而不見，前兩波的女性主義運動，也鮮少涉及老年／人的議題。第二波美國女性主義代表人物 Friedan 坦言，年齡在婦女運動中根本不是問題，她們都感覺自己年輕有為（Friedan,1993: 11）。儘管 Barbara Macdonald 在 1980 年代的婦女運動中，呼籲重視老年的存在，但女性主義學者對老年婦女或女性老化議題的關注，仍然寥寥無幾（Arber & Ginn, 1991; Macdonald & Rich 1983）。即使 Berenice Carroll（2001）在本世紀初擔任「美國全國婦女聯合會」（National Women's Studies Association）主席的演說中，展示婦女研究的發展歷程，以及在新千禧年未來的發展方向，談論到有色女性的挑戰，並稱讚納入女同性戀的研究，也沒有提及任何女性老化的問題（Gullette, 2004; Cruikshank, 2003）。雖然，有些學者利用現有的資料來證明女性在老年時所面臨的劣勢，如低收入、守寡、身體殘疾等（Gibson, 1996），但是這些關於老年婦女問題的論述，並沒有分析年齡關係。

　　很少女性主義者會去質疑，為什麼「老」總是如此難以啟齒。女性主義者分析了諸如「娘娘腔」（sissy）和「娘們」（girly）等，批判這些詞語是如何被用來貶低男人和男孩，進而強化女人的自

卑感。然而，她們並沒有去批判「老女人」的社會污名。一些女性主義者對所謂的「年齡戰爭」所造成的分裂性影響，總是保持沉默，甚至不知不覺中，還加入年齡歧視的行列。

而一些女性學術研究者和女權運動者，雖然沒有否認年齡歧視的存在，但由於未能將老年人視為主體，從老年的視野來觀看世界，也由於未能將年齡關係理論化，去審視以年齡為基礎的不平等體系，使得有關老年女性的研究總是淪為邊緣地位（Calasanti, 2003）。一些女性主義者即使提到年齡的壓迫，也只是把它當做諸多壓迫中的其中之一，並未給予應有的重視。Twigg（2004）指出，一些學者雖然關注年齡壓迫。然而，此類研究主要不是指高齡，而是指中年後期，大致相當於五、六十歲年紀，而不是老年本身。

另外一些女性主義者或許會考慮年齡，但既不考慮老人，也不考慮年齡關係。她們側重青年或中年婦女，甚至女孩們。英國女性主義叢書的編輯 Wallace 和 Abbott 指出，它反映了人們對女性主義問題，和廣泛領域的女性研究的興趣，但卻排除了老化和老年（Wallace & Abbott, 1999）。Toni Calasanti（2006）等認為女性主義雖然關注年齡，但卻忽視了老年和各年齡階段女性之間的關係，僅將關注點置於青、中年女性和少女身上，即便談及老年女性時，也傾向以中年一言以蔽之，老年女性也往往成為女性主義世界的灰色真空地帶。

現實社會中，人們對老化的恐懼和厭惡情緒普遍存在，不但污衊「老年」，也醜化「老人」，並將它與個人失敗聯繫在一起。

事實上，這些以中年，甚至年輕為標準的價值體系與生命樣態，其中嵌入、夾雜許多年齡、階級、性別和種族偏見，強化了對老化生命的控制和選擇。

Cruikshank 指出，毋庸置疑的，老年女性的身體沒有吸引力，但我們對老年婦女如何忍受這種排斥卻知之甚少（Cruikshank, 2003）。因此，儘管報導那些如何「成功老化」的女性（Friedan, 1993），可能有助於消除老年婦女的焦慮，但它本質上仍然是一種年齡歧視，因為她強化中、青年標準，貶低老年的價值。在生命發展過程中，從來沒有人試圖消除嬰兒期、青春期或成人期的特質，卻獨獨對老化的跡象急著想去之而後快。無論我們的追求是成功老化，還是企圖永保青春、否認老化，將老視為一種醜陋和悲慘，正是年齡歧視的核心（Andrews, 1999）。因此，許多老年人必須制定策略來保持他們的年輕，老年人和他們的身體，已經成為一種被年輕規訓的客體（Katz, 2000; Holstein,1999; Holstein &Minkler, 2003）。

雖然，Simone de Beauvoir 在 1970 年出版的《老年》（*La Vieillesse / The Coming of Age*）一書中，率先將老年納入女性主義的理論視野，隨後相繼有 Betty Friedan（1921-2006）、Barbara MacDonald（1913-2000）、Margaret Gullette（1941-）、Cynthia Rich（1933-）、Germaine Greer（1939-）、Lynne Segal（1944-），還有 Toni M. Calasanti 和 Kathleen Woodward 等女性主義者，開始從文化理論或女性文學探索女性生命的老年面向。但是，顯而易見的，女性主義者對老年的關注仍然不足，而且游

離不定。

Simone de Beauvoir（1972）認為對於老年問題，大家幾乎都變成「沉默的共犯」（conspiracy of silence）。然而，這種沉默卻使得社會把對老年人的排斥、虐待、誹謗、污衊和悲劇置若罔聞，當成了一種習以為常的社會通象。她在《老年》一書中提到，老年書寫的目的就是希望能打破共犯的沉默。這種沉默的狀態，如今甚至被年輕女性主義者所正在實踐的一種文化暴力所壓制，因而一次次將老年女性推向「他者」（others）的位置，阻斷了她們為自身言說的渠道，唯一的選擇是在「他者」的位置上，繼續沉默下去。

許多女性主義者不但將老年人排除在研究問題之外，還缺乏對年齡歧視的覺醒、反思和批判。她們甚至會自稱「資深美女」，而不敢說「老女人」。她們可能把老年看成一種社會結構，並把它看作是婦女不平等的一種表現，認為婦女比男子更容易被貶低為「老」，但並不質疑人們對貼在老年人身上的污名。

女同性戀女性主義者和社會運動者 Barbara Macdonald（1986）也曾感嘆，在女性主義者和女同志社群中，並沒有老年婦女，而全世界的老年婦女則不可見，這是她當時才開始接受的政治事實。雖然在 1970 年代和 1980 年代時發起婦女運動的婦女都將進入老年，她們可能會帶來改變，但仍未能針對她們的老化經驗進行理論上的分析。

正如性別、種族、階級和性取向是權力構成的基礎，年齡也是如此。我們不應再只是停留假設階段，而不是理論化這些年齡

關係。例如，我們不能只看到性別，而不分男女或不同的性取向，也不能一概而論地概括「婦女」，就好像她們都是中年或更年輕，不分女孩、媽媽和奶奶。與其他不平等制度一樣，探索年齡關係，必須從傾聽那些處於不利地位的人開始。如今，「撿破爛的老嫗」已經取代「骯髒的老頭」，成為羞辱人的符號（Friedan,1993），我們怎能還對「老女人」的遭遇無動於衷？

在 1970 年代，主張爭取包容婦女的女性主義者，常常受到忽視或敵意對待。為了克服其他學者和社運人士的冷漠，她們主張將婦女納入其中，以擴大男女雙方的瞭解，並改善兩性的生活品質。同樣的，2000 年代，專注於老化和年齡歧視的學者和社會運動者，也很容易被包括女性主義陣營在內的主流社會所忽視。或許，一些女性主義者認為「革命尚未成功，同志仍需努力」，但注意不平等的性別結構的同時，女性主義的論述或研究，若能將焦點擴大到老年身上，釐清年齡關係及與其他不平等的交叉形成的效果，理解老年女性受壓迫的方式，以及為什麼年齡關係代表一個需要獨立解決的政治位置，女性主義理論和女性主意運動可能會發生很大的變化（Calasanti, Slevin, & King, 2006）。

肆、女性主義的世代矛盾與反認同

從女性主義的歷史發展分析，當代女性主義將老年女性邊緣化的主要原因之一，涉及到女性主義者之間的世代情節與矛盾，最明顯的是第二波與第三波女性主義者之間的傳承和斷裂。毋庸

置疑的，在前兩次浪潮中，女性主義者的確在爭取女性社會地位的提升、女性權利的保障和女性主義學術化方面，取得了令人矚目的成就。然而，當女性主義的前輩們仍然堅持理念，奮身抵抗傳統父權之際，年輕女性主義者卻早已亮麗轉身，以身體、情慾、陰性、流行、消費，走出不同於傳統女性主義的革命之路，走出女人的悲情世界。

　　第二波的女性主義者 Germaine Greer（1939-）在《女太監》（*The Female Eunuch*）一書中，批判消費主義、浪漫愛情、核心家庭生活模式等協助父權結構壓抑女性，使她們逐漸放棄自主權和主動性，女性的精神層面遭到閹割，因而變成女太監（Greer, 1970）；Andrea Dworkin（1946-2005）也在《性交》（*Intercourse*）一書中呈現「厭男」心態，批判異性戀性交往往強調女性對男性的臣服，在父權體制的壓迫下，透過「性」的方式具體呈現男性的暴力，女性因而遭受嚴重的物化（Dworkin, 1987）。

　　然而，第三波的年輕女性主義者卻不顧於「母親」們的忠告，扮演「逃家少女」的角色，成為身體情慾、流行消費、時尚生活的追求者，也是最佳演繹者。她們選擇與「母親」關係的斷裂，以解放、逃逸、衝突，緊貼現代生活脈動，在流行消費文化的浪潮中，找到生命的出口，也為自己重新定位。

　　1993 年，知名女性主義作家 Anne Roiphe（1935-）的女兒 Katie Roiphe（1968-）剛從哈佛大學畢業，就以一本《宿醉之晨》（*The Morning After: Sex, Fear, and Feminism*）（Roiphe, 1993），掀起了女性主義學界 1990 年代最轟動的一場論戰。她

批判越來越保守的校園女性主義，以及女性主義所帶來的情慾戒嚴。因此，1993 年，被視為美國女性主義「弒母儀式」的關鍵歷史年代，Katie Roiphe 從此成為了女性主義的壞女兒。

不過，她並不是唯一的壞女兒。在 1990 年代，美國女性主義呈現的是少女世代的叛逆，一波波年輕的女性主義者跳出來，批判母親輩的女性主義。另一名年輕女性主義者 Rene Denfeld（1966 - ），也加入了這場女性主義歷史大論戰。1996 年，她以《新維多利亞人：年輕婦女對老年女性主義教條的挑戰》（*The New Victorians: A Young Women's Challenge to the Old Feminist Order*）一書，走入了女性主義學界的黑名單。Denfeld 說，她是一個少女，而現在，她要出來挑戰母親輩女性主義的神聖教條。她以「受害者神話」（the victim mythology）挑戰逐漸取得女性主義主流發言地位的 Catharine A. MacKinnon 和 Andrea Dworkin，批評她們如何鞏固了女性作為被動受害客體的迷思（Denfeld, 1996）。

1990 年代，是少女拒絕稱自己為「女性主義者」的年代。1990 年代第三波女性主義浪潮的參與者，大約出生於 1960 年代至 1970 年代之間，「年輕一代」成了第三波女性主義的世代意識，也顯示欲與「老一代」切割的意圖。年輕一代的女性主義無視於老一代女性主義者的奮戰，認為女權是天生的，社會的性別歧視也沒那麼嚴重，不至於成為生命的桎梏（Denfeld, 1996）。以《性別 / 文本政治》（*Sexual / Textual Politics*）一書聞名的女性主義理論家、美國杜克大學教授 Toril Moi（1953- ）驚覺，在她的課堂中，

年輕的女學生雖然對女性主義理論懷抱濃厚的興趣，可是她們都拒絕稱自己為「女性主義者」。

Roxane Gay（1974 -）在《不良女性主義的告白》（*Bad Feminist: Essays*）一書中認為，女性主義者一直遭受大眾誤解，認為女性主義者總是被貼上憤怒、嚴肅、仇男、好鬥、不具幽默感等刻板印象，有時女性主義彷彿成為一種貶抑與羞辱的符號，讓許多女性名人都想避開這個「負面又憤怒」的標籤。《不良女性主義》被視為第四波女性主義的經典，檢視種族、體重、性、暴力、大眾文化，她以幽默自嘲的語調，試圖推翻外界對女性主義的誤解（Gay, 2014）。

Astrid Henry（2004）發現，「反認同」（disidentification）是少女世代創造自己身份的關鍵。在《我不是我媽媽的姐妹：世代衝突與第三波女性主義》（*Not My Mother's Sisters: Generational Conflict and Third-Wave Feminism*）中，Henry 以「認同」與「反認同」的交互關係，提出一種重新檢視女性主義世代戰爭的思考路徑。她認為，當時新一代的少女面對上一波走入體制、化為典範的女性主義，不再是被動接受，也不再是全心信仰。處於叛逆期的少女，反而正是透過對女性主義的挑戰與反叛，建構出自己的身份。

當時，年輕女性主義者對母親輩們的批判，還包括女性主義被學院體系納編之後的弱化。著名歷史學家 Joan Scott（2011）認為，女性歷史進入學院所付出的代價，是弱化了女性主義的批判優勢。Scott 借用 Jacques Derrida 的概念，提出對女性主義學

院化的批評：「女性主義如果不去批判現有的大學典範，那它就需冒著成為大學這間蜂巢裡一個牢房的代價。」（Scott, 2011: 125）在年輕的第三波浪潮的參與者們看來，伴隨女性主義研究學術地位合法化而來的是，女性對父權話語所主導的經院體系的屈服。

在新一代的女性主義者看來，前輩們嘗試以大學為場域，建構性別平等的改革路線，很難在男性至上的高等教育體系奏效。前紐約市立大學校長 Yolanda Moses 曾坦言，美國高等院校是尊崇成就和客觀性等男性價值的西方社會產物，對合作、聯結、主觀性的概念置若罔聞（Christina, 1994）。

Cathryn Bailey（2002）認為，在青年一代女性主義者看來，第二波女性主義者犯下了像狂犬病般的政治罪行，把她們的政治路線強加在每個人身上。不難看出，斷開第二波浪潮的政治路線，是第三波的結盟者心照不宣的共同目標。這種因時代差異而造成的世代矛盾，卻使得年輕女性主義者將曾經披荊斬棘的老年女性，視為異己，並排除於女性主義運動之外。

1992 年，上百名年輕的女性主義者聚集在紐約，發動一場「第三波」的女性主義運動，雖然一開始所奉行的宗旨之一是「鞏固年輕女性和老一輩女性主義者之間的關係」，只是在後來的行動實踐中，第三波女性主義逐漸把關注半徑縮小在青年女性身上，忽視在各年齡段女性主義者之間結盟的重要性。於是，當年輕一代需要重新定義女性主義運動，以參與此一歷史任務時，她們針對性地排除了逐漸老化的女性主義前輩與棲居學術象牙塔的

女性主義者，並和擠身高位的政黨女性主義者劃清界限。Barbara MacDonald（1986）指出，從女性運動一開始，年輕的女性主義者就把老年女性排除在姐妹情誼之外。她們和男人一樣看待老年女性，老年的遭遇和問題都與她們無關。換言之，女性主義者自身也無法被豁免「沉默的共犯」的罪名。

2000年代，「少女女性主義」（girlie feminism）的浪潮明顯上升。包括由加拿大歌手 Sarah McLachlan 發起純女性音樂人組成的「莉莉絲音樂節」（Lilith Fair），到美國電視影集「魔法奇兵」（*Buffy of Vampire Slayer*），到美國國家女子籃球隊（WNBA），似乎女性的自豪感已成為日常工作（Baumgardner & Richards, 2010）。

這種「少女女性主義」，強調的是「女孩力量」（girl power），最具有代表性的就是美國女藝人 Madonna Louise Ciccone（1958-）「壞女孩」的表述與形象。然而，2016年，瑪丹娜獲得告示牌排行榜年度女聲（Billboard Women in Music）最佳藝人獎，發表一段犀利而動人的講詞：「如果妳是女孩」（If you're a girl），很感慨的說出年老女性的生命困境。2019年，英國 BBC 廣播一台更因嫌她太老而拒絕播放她的新歌（BBC News, March 12, 2015），Madonna 控訴：這是對她60歲的懲罰（Vogue, May 4, 2019）。這就是年輕的文化霸權，Madonna 崇尚年輕，卻終遭青春反噬，令人不勝唏噓。

伍、「老女人」污名的文化傳播

　　老年／人在社會和政治上的被忽視與拒斥，絕非第三波女性主義浪潮與生俱有的特質（Orr, 1997）。女性主義年齡歧視或老年忽視的另一個重要形成原因，在於一些女性主義者，順應了現代資本主義流行文化的符號系統中對青春崇拜的歌頌，以及對老年女性所形塑負面形象的認同，或默不吭聲，成為 Simone de Beauvoir（1970）所說的「共謀的沉默」。從中世紀「老巫婆」形象的塑造，到當代社會流行文化媒體的厭老意識，這種刻板印象「老女人」污名的文化傳播，並無太多改變。

一、中世紀老年女性的「巫婆」敘事

　　從老年歷史的研究中發現，在古代社會，邁入老年的男性、女性在社會地位上並無過分的殊異。在某些地區，老年女性甚至在部落中擁有至高無上的權威。例如，在非洲南部的蘭巴（Lemba）部落，老年女性可以打破禁忌，與部落中的男性共商大計，並且坐在更尊貴的右側（Minois, 1989）。

　　然而，隨著歷史的發展，資本主義制度的興起，使得老年女性退出生產體系而成為家庭的附庸。以 14 世紀中葉的英國為例，老年女性與子女之間達成一份供養協議，用牲口和土地來換取子女家中的一部分生活空間，不再參與經濟生產的老年女性開始被邊緣化。Shahar 認為公眾對老年女性的反感態度，乃源自於資本

主義社會對於持續供養她們的不情願（Shahar, 1997）。

因此，在中世紀文化符號系統之中，對老年女性的污名化開始顯現。在文學作品中，老年女性通常成為被諷刺或敵對的對象。1400年，英國詩人 Chaucer 出版的短篇小說集《坎特伯雷故事集》（*The Canterbury Tales*）中的〈巴斯婦〉（The Wife of Bat），講述的是年輕武士娶了一個奇醜無比的老嫗，必須對抗具有控制慾惡老婆的故事。

1486年，Jacob Sprenger 出版了一本大受歡迎的小書，名為《女巫之槌》（*Maleus Maleficarum*）。這本書裡，將老年女性化身為代表異端的巫婆，甚至提供了諸如如何識別女巫、如何檢舉她們等各種詳盡的辦法。此後長達約三百年的獵巫運動中，老年女性成了主要的迫害對象。

在歐洲獵巫運動時期，被指控施行巫術的除了無依無靠、沒有人為她們求情的寡婦，還有年老的和貧窮的女人。獵巫運動的範圍從歐洲，擴及殖民時期的北美。不但迫害了無數老年女性，也讓老年女性的污名化形象，成為文化符號系統中的一貫模式，「老巫婆」變成投射在老年女性身上的具體圖象。這一個封閉的符號系統，不斷生產「瘋婆子」和「有毒的老婦人」的故事，跨越了地理的疆界，在不同文化系統中不斷的複製。例如，後來的德國 1812 年《格林童話》故事中的《白雪公主》（*Snow White and the Seven Dwarfs*）、《睡美人》（*Sleeping Beauty*）、《萵苣姑娘》（*Rapunzel*），也都將老女人化身為醜陋的壞皇后、巫婆。這種將老女人化身為邪惡巫婆的故事，幾乎俯拾可得。

　　Shahar 認為，中世紀老年女性對「女巫」身份的選擇並非偶然。對於已被放逐到社會邊緣的老年女性而言，她們急需一個穩定的身份，來增加政治上的能見度，來規避霸權話語的污名標籤。她們想要利用「女巫」的集體假想，來抵禦資本主義社會的誣陷。因此，孤單而無助的老年女性，經常會吹噓自己擁有魔法，這是她們從社會中，獲得僅剩的關注和尊重的唯一途徑（Shahar,2003）。長久以來，「老巫婆」作為一種污名化的符號，儼然成為一種普遍意義上的文化能指。它不斷強化老年女性邪惡、邊緣的意象，製造對於老化的惶恐情緒和厭棄態度，建構一種厭老的意識形態（ideology of gerascophobia）。

二、當代社會流行文化媒體的厭老意識

　　如今，當代資本主義流行消費文化的盛行，販售年輕的同時，也販售年老的恥辱，助長社會厭老文化的氣焰。這種文化具體呈現在美容業中的廣告與銷售，其中的商品化實踐集中在身體的包裝，並將理想化的年輕女性特質作為一種權力形式出售。Toni Calasanti 和 Neal King（2018）分析網路上的抗老化廣告後指出，這些廣告藉由傳達出唯有當老人看起來，或行動起來像中年人或更年輕才會有價值，將老年定義成是性別認同的喪失，藉此強化了年齡與性別的不平等關係。

　　其實，早在 1990 年代，第二波女性主義代表人物 Betty Friedan 讀遍了美國主要大眾雜誌，包括流行雜誌、綜合性雜誌、

婦女雜誌、男性雜誌和新聞性雜誌，研究每個附有人像的廣告和圖片，發現除了非常有錢或非常有名的人，以及看起來還年輕的人之外，似乎都沒有超過 65 歲的人。這些雜誌並非專為年輕人辦的刊物，但顯然的，雜誌的編輯、美術設計、廣告代理商和廣告主，都有一個共同的信念：任何老年面孔都是美國人極為厭惡的對象。因此，即使報導年過 60 的人，大部分還是會以年輕時候的照片來搭配（Friedan, 1993）。

在年輕優勢的流行文化中，老年人甚至被視為一種「視覺場域的崩解」（a disruption of the visual field）（Furman, 1999: 8），老化成為「日常生活結構及其知識基礎瓦解的經驗」，老化的身體成為個人認同建構上的威脅（Carter, 2016），進而影響人際互動，使人們喪失社會力量，成為一個「不完全的成人」。

D. Lemish（2012）研究流行文化中老年婦女的媒體再現指出，在媒體上老年女性呈現出年齡和性別的雙重邊緣化現象。老女人形象邊緣化的呈現有四種形式，包括老女人的不可見性（invisibility）、刻板印象化（stereotypization）、貧窮化（ghettoization）和一體化（integration），這種再現形式一直在現在大眾媒體不斷流傳。Sim Badesha（2012）也分析老年女性與媒體，發現在媒體上呈現的老年男性往往是智慧、地位、魅力，老年女性則是惡毒、貧賤、缺乏吸引力，女性最應避免的就是「老去」。即使，現代流行文化廣告會找來一些六、七十歲的「老女人」當模特兒，但是販賣的是看起來依然年輕的胴體，販賣的是「青春不老」的迷思。當廣告詞上出現的是「妳也可以這樣！」

的時候，更讓大多數的老年女性自慚形穢下，產生羞恥、自卑的心理。

在青春霸權的流行勢力下，人們的意象和生活中，不斷地歌頌年輕的美好、崇尚青春的文化。不管在日常生活語言、文化傳播，都顯現青春勢力對老年生活世界的侵蝕、散播、滲透和占領。由於老年生活失去獨特的生命魅力，使得許多年老的人，只能以年輕為主體的表述和生活方式，來確認自我身分、肯定自我價值，冀求在老年的身體上、心靈上，塗抹年輕的漆痕。於是「我不老，我還年輕」變成生命的執拗、價值與神話。從而，在生活世界中，年輕的文化壓迫、對立地位，轉變為滲透和認同。在認同倒置下，錯失以老年自身為主體的生活建構能力和機會。

然而，許多女性主義者不僅沒有批判這種意識形態，反而成了厭老意識形態的共謀者。年輕的女性主義者對「老巫婆」這個虛妄的符號，往往不加批判的默默接受，「老巫婆」的隱喻更成了她們身份認同上的一個反挫。在年輕的女性主義者看來，逃離「老巫婆」的魔法控制，成為展現女性青春活力的要務。在厭老意識形態下，年輕女性無法正視老化，甚至拒絕老化。在老化的焦慮下，一些女性主義運動很容易下意識的將代表女性負面形象的老年女性排除在外，將她們視為落伍、守舊、固執，卻掌握權力的保守派，唯恐她們的加入，將削弱女性主義運動的力量。

對於老年女性而言，在資本主義消費文化青春崇拜的帶動下，無法以辯證的方式直接面對老化的過程，只能不斷通過年輕模仿的消費文化，虛構一種「不老神話」，來實現自我認同。然

而，老年女性必須察覺，模仿並不能帶來可見的政治和文化身份，對於模仿者而言，原型是一個無法抵達的終點，她們終究無法彌合與年輕女性之間的鴻溝，甚至在模仿中卻喪失了個人對身體的控制，聽命於由男性霸權話語所建立的審美典範。

即使，在第二波女性浪潮中的主要代表人物，除了像 Simone de Beauvoir 、Betty Friedan 等少數人外，許多老一輩的女性主義者只是沉湎於過去的功績，在邁向古稀之年的時刻，仍然很難聽到她們對老化的自省，或對老年女性的利益發出捍衛的聲音，繼續在被誤解的文化消費社會中保持沉默。誠如法國社會學家 David LeBreton（1990：78）在《身體人類學與現代性》（*Anthropologie du corps et modernité*）一書裡說的：「我們慢慢走向死亡，卻始終感覺青春在自己身上得到了延長，感覺老人是另一個星球的事……在生命當中的很長一段時間裡，老人都是指別人。」一些女性主義的前輩，或許自認為自己是「不老神話」裡的「仙女」，對女性與老年的議題仍然默不吭聲。

更有甚者，在第三波女性主義者擁抱流行文化的消費中，年輕女性主義者很容易陷入「市場女性主義」（marketplace feminism）的陷阱，失去對社會結構的關注，只在乎個體的愉悅。女性主義從原本要打破父權體制的宏觀目標，變成了只關注自我賦權的微觀經驗。《賤女》（*Bitch*）雜誌創辦人 Andi Zeisler（2016）在《我們曾是女性主義者》（*We Were Feminists Once*）一書中，悲觀地談到女性主義為了爭得一席之地，如何放下身段與流行文化翩翩起舞，最終遭到商品化而被主流吞噬的命運。

Zeisler（2016）認為在資本主義的消費市場中，整個「偽女性主義」的產業鏈分工非常細緻，從最下層的「兩性作家」、「網路情慾自主專家」、「說自己為女性而生，不過也鼓勵你買彩妝的媒體」、到「唇彩搶眼，但實際上毫無女性主義作為的貌美鄉村歌手」、「只是賣你沐浴用品，卻假裝在為女性賦權的廠商」、「分明賣的是睫毛膏，但卻說賣的是自信的化妝品產業」。Zeisler（2016）指出，在「市場女性主義」中，性別平等被包裝成一種生活方式的選擇從而打包賣出，強調積極對待妳身體的化妝品牌，已經令女性主義脫離了原有的語境和政治意味，限制了女性主義對真正社會變革的影響，成為資本主義消費商品的一種品牌罷了。

Jessa Crispin（2017）在《我為何不是女性主義者：女性主義宣言》（*Why I Am Not a Feminist: A Feminist Manifesto*）也指出，當 Dior 的 T 恤印著這麼一段標語：「我們都要當女性主義者」（WE SHOULD ALL BE FEMINISTS）、當流行天后 Beyoncé 在舞台上投影出特大的「女性主義者」（FEMINIST）、當電視廣告不斷告訴你：只要做自己，好自在，妳就是個女性主義者！由此可以看到，在流行文化的消費中，女性主義已經成為被商人用做行銷，販賣給年輕人的一種手法，一種障眼法。

於是，對於年輕女性主義者而言，她們不必關心約會強暴、分手暴力背後的社會原因，只要聽 Taylor Swift 的歌聲；她們不需要學習女性相關的社會政策或學術思潮，只要學韓妞彩妝就好。當然她們更不需要關心老年婦女所面對的生命困境，因為那

不是她們的事，何況「老」離她們太遠了。然而，當年的年輕女性主義者，如今已屆中年，不久也將邁向老年，對她們而言，「老」並非事不關己！

陸、結語

長久以來，老年學一直受到生物醫學的觀點所主導（Estes & Binney, 1989），將老人視為醫療的客體，未去審視年齡階層關係對個體和社會的影響。社會老年學（social gerontology）雖然提出年齡階層關係理論，卻忽略婦女的獨特經歷，以及權力結構和權力關係的性別差異（Calasanti & Slevin, 2001）。而女性主義則常常無視年齡或老化的事實，不但成為「沉默的共謀」，甚至還顯示對老年女性的拒斥（Krekula, 2007）。

由於無知、漠視、蔑視或歧視，不論在學術研究或生活世界裡，女性在老化的過程中，逐漸隱身成為不可見的存在。不僅在男性視域中消失，而且也受到一些婦女運動和女同性戀社區年輕成員的忽視（Holstein, 1999; Copper, 1986; Macdonald & Rich, 1983）。更由於現代社會普遍的年輕崇拜，許多老年婦女為了獲得社會的肯定與認同，紛紛反過來跟年輕人學習，模仿年輕人的生活樣態，形成所謂的「逆向社會化」（reverse socialization）。因此，許多老年婦女都避免承認自己是「老女人」，認為是一種恥辱、傷人自尊的符號標誌。

女性主義老年學出現於 1990 年代，主要原因是老年學者和

女性主義者未能將年齡和性別差異背後的不平等關係理論化。在這種不平等系統的理論中，女性主義老年學認識到人的存在都具有性別、年齡的差異，是由性別關係、年齡關係形成動態性、結構化、制度化的過程，社會通過這種過程影響個人的自我界定與社會互動，並且影響她們的生命價值與生活機會。

　　女性主義老年學強調性別和年齡都是社會結構的基本原則，從個人關係到勞動關係，再到社會關係中的角色位置，都受到交互的影響（Calasanti, 2004; Estes, 2001）。廣義上，女性主義老年學是批判女性主義和批判性老年學架構的一部分（Ray, 1996），它在微觀和宏觀層面上，闡明了性別和年齡的權力結構和權力關係（Moody, 1992; Ray, 1996），為分析日常互動和性別政治提供另一個視角。它不是構成可檢驗結構的理論，而是構成研究架構的鏡頭（Ray, 1996）。整體而言，女性主義老年學的理論要旨，大致可分成下列四點：

一、關注不同性別中年齡階層的權力關係

　　與性別關係類似，社會是根據年齡來組成的階層體系（Hendricks, 2003），但是，大多數女性主義者很少探索過這種基於年齡的構成原則，是否以及如何影響生命機會。對女性而言，老年不僅會加劇現有的不平等現象，而且會植基於年齡的權力關係中，以至於年齡本身就可能賦予所有被指定為「老人」者，失去某些地位與機會（Calasanti, 2003）。在性別歧視的氣氛中，

婦女的老化不受尊重。她們的生命和經歷被一種「男人老了，女人爛了」（men age, women rot）的文化所鄙視，甚至被抹去不見（Calasanti, Slevin, & King, 2006）。

　　女性主義老年學的觀點是，性別和年齡不是固定的生物結構，而是一種根深蒂固的社會建構（Bengtson, Burgess, & Parrott, 1997; Calasanti&Slevin, 2001; Ray, 1996）。性別和年齡都會影響工作、退休和親密關係，並形成限制性角色和刻板印象（Hooyman, 2002; Ray, 1996）。老年女性經濟邊緣化和依賴性，在多項研究中顯而易見，顯示老年婦女在就業、收入和工作穩定性方面，經歷了勞動力市場的歧視。這種年齡歧視與性別交織，進一步減少了老年婦女的就業機會與經濟收入（McMullin & Berger, 2006）。

　　此外，在年輕癡迷的資本主義社會文化中，老化的生理跡象往往被視為是個人失敗的標誌、醜陋的象徵。女性主義者必須面對老化的社會貶值，面對老年女性遭受的性別和年齡的雙重壓迫，只有通過對年齡關係的揭露與批判，女性主義者才能理解老年婦女所面臨的困境。女性主義者若不加思索，盲目的只以年輕人的生活為標準樣本，順從所謂「成功老化」或「不老神話」的社會和文化指令，缺乏老年女性的主體意識，在年齡歧視的壓迫下，不但貶低自我價值，也會將老年女性推入無谷深淵（Holstein & Minkler, 2003）。

　　一些女性主義研究學者，往往只著重於年輕人和中年女性的經驗，例如在反對整型手術和身體美容的大部分論述裡，都集中

在女人與「男性凝視」（male gaze）的權力關係。認為女性在視覺媒體中，被塑造成男性愉悅的情色場景（Mulvey, 1990）。她們反對父權體制，卻不質疑「青春霸權」。很少人去思考老女人的身體，其實是受到輕蔑的「年輕凝視」（gaze of youth）所宰制。Twigg（2004）指出，裸體的老人會受到年輕人無情批判的目光，這種目光往往帶有潛在的厭惡感，甚至，加諸在老年人身上一種微妙的恥辱感。其實，不管「男性凝視」或「年輕凝視」，每一次「凝視」都將女性定格為從屬的客體。

二、強調各種不平等的交互影響

這種對年齡關係的特性和權力差異的關注，以及揭示和消除不平等根源的承諾，使老化研究成為女性主義研究，而不僅僅是對女性的研究。許多女性主義的老年學家，皆承認性別與其他社會不平等，有著不可分割的關係，例如種族、族群、性取向和階級（Calasanti & Slevin, 2001; Estes, 2001）。這些層次結構中都包含權力關係，其中的優勢群體，總是有意或無意地成為另一群體的壓迫者。就像老年女性往往遭受性別和年齡的雙重歧視一樣，這些不平等的現象不但彼此相互聯繫，甚至可能累加成為多重的壓迫。

在老年婦女中，職業背景和情感狀況的異質性，應該受到一定程度的重視，例如，對老年女同性戀者，以及其他種族和文化背景的老年婦女的關注，對貧困婦女的生活條件和生命經歷的探

討，並進一步思考如何才能使她們有尊嚴地老化，而不是承受雙重的恥辱和壓迫。當我們把同性戀的老年婦女放在分析的中心位置時，就會發現老年與其他社會類屬，在形成對老化和老年對待上的交叉影響。例如，年老的女同性戀者，可能通過有意識地避開其他年老的女同性戀者，選擇跟年輕的女同志在一起，有意無意的表現出年齡歧視和不平等的對待（Slevin, 2006）。

女性主義老年學的理論觀點是交叉性的（Hooyman et al., 2002）。在一個社會結構中，人們的生命和權益不僅受到性別和年齡的影響，還受到種族、階級和地域的影響（Calasanti & Slevin, 2001）。這些社會類屬相互交織，影響著我們如何變老、如何塑造我們的身份，以及如何在整個生命過程中構造我們的生活、經歷和獲取資源的機會（Collins, 2004; Estes, 2001; Hooyman et al., 2002）。

因此，女性主義理論家不僅主張性別應是理解老化的首要考慮因素，而且還應納入其他交叉身份。早期的女性主義被批評排除白人女性之外的群體，沒有承認女性在不同的社會階層、不同的種族，或者非異性戀認同的經驗上的差異。作為理解婦女個人處境和經驗的視角，老年女性主義理論的發展，應該包括對不同領域婦女的個人生活，與導致和維繫這些處境的外部權力關係結構，及其相互關係的探討，才能有深刻的認識（Harrison, 1983）。因此，儘管女性主義老年學特別重視婦女作為研究對象，但它不僅關注女性，還關注性別以外的權力關係（Calasanti, 2004）。

三、老年婦女能動性的賦權

女性主義的老年學研究，試圖記錄老年婦女的生命經驗，並且促進形成對女性老化的新詮釋。它的基本目標之一是老年女性的賦權，揭露那些標誌老年婦女生活的不平等社會規則，確定解放社會變革的潛力。批判性的女性主義老年學，詳細研究和理解老年女性的生活軌跡，鼓勵對她們的生活進行更完整和更複雜的詮釋，避免成為「年齡意識形態」（ideology of age）的受害者（Fine, 1992）。

有些對女性主義老年學的困惑和抗拒，部分是基於研究內容與理論方法的混淆，認為對老年女性的研究並非少數。然而，即使我們在老年的研究中意識到「女性」，並不意味著「女性主義」。我們不能把對女性的研究，等同於女性主義的研究；只有對性別的關注，並不能引導多數女性找到生命的出口。

例如，從撤退／活動理論（disengagement theory/activity theory）（Martin, 1973）的觀點出發，將女性加入現有以男性為主體，或做為參考群體的研究模型，並無法理解女性晚年生命的困頓；或將性別視為人口統計或描述性的變項，解釋不同性別在教育水平、收入或職業的差異，最終得到的只是一份不同實體的生命清單，無法揭露老年女性的性別權力關係，與社會地位角色不平等的原因。正如 Gibson（1996）所指出的，學者們傾向於以將男性視為評估女性的隱含標準的方式，來討論老年性別差異，結果只注意到男性和女性勞動參與的歷史，與女性隨後較低的退

休福利之間的差異，但卻沒有提出疑問，為什麼女性的工作經歷更容易中斷，退休的收入為何較低。

相較之下，女性主義老年學家則將性別關係理論化，認為性別關係是一種權力位置，它不但塑造了社會制度，也塑造了男性和女性之間相互影響的身份認同。性別關係所建構的權力關係，被嵌入社會過程，並在社會領域給予制度化，因而對生活世界產生宰制的力量。女性主義老年學的研究重點，在關注性別關係的特性和影響性別的權力差異，以及它對揭示和消除不平等根源的承諾，讓老化的研究成為女性主義研究，而不僅僅是對婦女的研究。

四、「我老，故我在」的主體意識

長久以來，在年輕文化的宰制下，老年女性總是被邊緣化。老化的主流文化敘事往往是一種片面的、線性的「衰退敘事」（decline narrative）。老年婦女因此變得「不可見」（invisible）或是「超可見」（hypervisible），不是被人們所忽視，就是只看到她們老化的記號（Woodward, 1999）。

2004 年，Ellen Goodman（1941-）、Geraldine Ferraro（1935-2011）和 Pat Schroeder（1940-）等美國長期女性主義者，曾經組織一場名為「奶奶選民」（granny voters）的政治運動。她們是堅定的女性主義者，她們老了，但絕不會戀棧年輕，而稱自己為「媽媽選民」，她們絕不會忽視她們老年時遇到的性別歧

視，也絕不會助長所有女性都是母親的成見。不管意識或行動上，她們都甘願做為「老婦人」，她們以行動證明，「我老，故我在」。

Germaine Greer（2017: 325）《文學和視覺文化中的老年女性：反思、折射、再想像》（*Ageing Women in Literature and Visual Culture: Reflections, Refractions, Reimaginings*）中，也提出老年自我書寫的概念，以老年婦女的主體性，創造一個書寫的空間，以直率而雄辯的態度，寫出自己的處境。通過用老年女性自己的故事，來挑戰老化主流文化敘事，和社會的刻板印象，將「老女人」從被說的客體轉成自說的主體。

每一個人都會老，老並不可怕，可怕的是厭老、棄老的心態和文化。女性主義老年學者正視老年女性存在的事實，年齡、歲月、經歷應該成為老年生命的資本，不是生活的負債。老年不需偽裝年輕，也不需癡迷青春，主張從老年女性的主體性與能動性出發，去觀照自己、觀照世界，打破社會對老年女性的歧視，終能找到生命的出口。

參考資料

內政部統計處（2021 年）〈內政統計通報 110 年〉。取自內政部統計處網頁 https://dep.mohw.gov.tw/dos/cp-1767-38429-113.html

國家發展委員會（2006 年 8 月 22 日）。〈國家發展委員會於今（22）日第 30 次委員會議中提報「中華民國人口推估（105 至 150 年）」，做為日後政府擬定人口、人才等相關政策的參考依據〉。取自國家發展

委員會網頁 https://www.ndc.gov.tw/News_Content.aspx?n=114AAE178C
D95D4C&s=EBA2EB94A133AE1E

衛生福利部編（2018）。《中華民國 106 年老人狀況調查報告》。取自衛
生福利部網頁 https://www.mohw.gov.tw/dl-48636-de32ad67-19c8-46d6-
b96c-8826f6039fcb.html

Andrews, M. (1999). The seductiveness of agelessness. *Ageing and Society, 19*,
301-18.

Arber, S. & Ginn, J. (1991). *Gender and later life*. Thousand Oaks, CA: Sage
Publications.

Badesha, S. (2012,June 18). *Old women and the media*. Retrieved from
Battered Women's Support Services web site: https://www.bwss.org/old-
women-and-the-media

Bailey, C. (2002).Unpacking the mother/daughter baggage: Reassessing second
and third wave tensions. *Women Studies Quarterly, 30* (3/4), 138-154.

Baumgardner, J. & Richards, A. (2010). Manifesta: Young women, feminism,
and the future. New York, NY: Farrar, Straus and Giroux.

BBC News (2015, March 12). Madonna criticises Radio 1 'ban'. *BBC News*.
Retrived from: https://www.bbc.com/news/entertainment-arts-31851130

Beauvoir, Simone de (1972). *The coming of age*. New York, NY: G.P. Putnam.

Bengtson, V. L., Burgess, E. O., & Parrott, T. M. (1997). Theory, explanation,
and a third generation of theoretical development in social gerontology.
*The Journals of Gerontology Series B: Psychological Sciences and Social
Sciences* 52B(2), S72-S88.

Calasanti, T. &Slevin, K. F. (2001). Gender, social inequalities, and aging. New
York, NY: AltaMira Press.

Calasanti, T. (2004). Feminist gerontology and old men. *The Journals of*

Gerontology Series B: Psychological Sciences and Social Sciences, 59(6), S305-S14.

Calasanti, T. (2006). 'Ageism and feminism: from 'et cetera' to center'. *NWSA Journal, 18*(1), 13-30.

Calasanti, T. and King, N. (2018). The dynamic nature of gender and aging bodies. *Journal of Aging Studies, 45*:11-17.

Calasanti, T. M. (2003). Theorizing age relations. In S. Biggs, A. Lowenstein, & J. Hendricks (Eds.), *The need for theory: Critical approaches to social gerontology* (pp. 199-218). New York, NY: Baywood Press.

Calasanti, T. M. and Slevin, K. F. (2001). *Gender, social inequalities, and aging*. Walnut Creek, CA: AltaMira Press.

Calasanti, T., Slevin, K. F. & King, N. (2006). Ageism and feminism: From "et cetera" to center.*NWSA Journal, 18*(1), 13-30.

Carroll, B. A. (2001). Reflections on '2000 subversions: women's studies and the '21st century'. *NWSA Journal, 13*(1), 139-49.

Carter, C. (2016). Still sucked into the body image things. *Journal of Gender Studies 25*(2), 200-214. doi: 10.1080/09589236.2014.927354

Cochrane, K. (2013, December 10). The fourth wave of feminism: Meet the rebel women. *The Guardian*. Retrieved from: https://www.theguardian.com/world/2013/dec/10/fourth-wave-feminism-rebel-women

Collins, P. H. (2004). *Black sexual politics: African Americans, gender, and the new racism*. New York, NY: Routledge.

Copper, B. (1986). Voices: On becoming old women. In J. Alexander, D. Berrow, & L. Domitrovich (Eds.), *Women and aging: An anthology by women* (pp. 46-57). Corvallis, OR: Calyx Books.

Crispin, J. (2017). *Why I am not a feminist: A feminist manifesto*. Brooklyn,

NY: Melville House.

Cruikshank, M. (2003). *Learning to be old.* New York, NY: Rowman and Littlefield.

Cumming, E. (1964). New thoughts on the theory of disengagement. In , R.Kastenbaum (Ed.), *New thoughts on old age* (pp. 3-18). New York, NY: Springer.

Cumming, E. and Henry, W. (1961). *Growing old: The process of disengagement.* New York, NY: Basic Books.

Denfeld, R. (1996). The new Victorians: A young women's challenge to the old feminist order. New York, NY: Grand Central Publishing.

Dworkin, A. (1987). *Intercourse.* London, UK: Arrow.

Erikson, E. H. (1956). The problem of ego identity. *Journal of American Psychological Psychoanalytic Association, 4,* 54-121.

Estes, C. L. (2001). *Social policy and aging: A critical perspective.* Thousand Oaks, CA: Sage.

Estes, C. L. and Elizabeth A. Binney. (1989). The biomedicalization of aging: Dangers and dilemmas. *Gerontologist, 29*(5), 587-96. doi: 10.1093/geront/29.5.587

Fine, M. (1992). *Disruptive voices: The possibilities of feminist research.* Ann Arbor M. I.: University of Michigan.

Freixas, A., Luque, B. & Reina, A. (2012). Critical feminist gerontology: In the back room of research. *Journal of Women & Aging, 24,* 44-58.

Friedan, B. (1993). *The Fountain of Age.* New York, NY: Simon & Schuster.

Furman, F. (1999). There are no older Venus : Women responses to their bodies. In M. U. Walker (Ed.), *Mother time: Women, aging, and ethics* (pp. 7-22). Lanham, MA: Rowman & Littlefield Publishers.

Garner, J. D. (Ed.). (1999). *Fundamentals of feminist gerontology*. New York, NY: Haworth.

Gay, R. (2014). *Bad feminist: Essays*. New York, NY: Harper Perennial.

Gibson, D. (1996). Broken down by age and gender: 'The problem of old women' Redefined. *Gender & Society*, 10, 433-448.

Greer, G. (1970) *The female eunuch*. London, UK: Harper Perennial.

Greer, G. (2017). Afterword. In C. McGlynn, M. O'Neill & M. Schrage-Früh (Eds.), *Ageing women in literature and visual culture: Reflections, refractions, reimaginings* (pp. 321-325). London, UK: Palgrave Macmillan.

Gullette, M. M. (2004). *Aged by culture*. Chicago, IL: University of Chicago Press.

Harrison, J. (1983). Women and ageing: Experience and implications. *Ageing & Society, 3*(2), 209-235.

Hendricks, J. (2003). Structure and identity—Mind the gap: Toward a personal resource model of successful aging. In The Need for theory: Critical approaches to social gerontology, eds. Simon Biggs, Ariela Lowenstein, and Jon Hendricks, 63-87. New York, NY: Baywood Press.

Henry, A. (2004) *Not my mother's sisters: Generational conflict and third-wave feminism.Bloomington*, IN: Indiana University Press.

Holstein, M. B. & Meredith Minkler. (2003). Self, society, and the new gerontology. *Gerontologist, 43*(6), 787-796.

Holstein, Martha B. (1999). Women and productive aging: Troubling implications. In M. Minkler& C. L. Estes (Eds.), *Critical gerontology: Perspectives from political and moral economy* (pp. 359-73). Amityville, NY: Baywood Press.

Hooyman, N. & Browne, C & Ray, R., & Richardson, V. (2002). Feminist gerontology and the life course. *Gerontology & Geriatrics Education*, 22, 3-26. doi: 10.1300/J021v22n04_02.

Hooyman, N., Browne, C. V., Ray, R., & Richardson, V. (2002). Feminist gerontology and the life course. *Gerontology & Geriatrics Education, 22*, 4.

Jacobs, R0 H. (1976). A typology of older American women. *Social Policy, 7*(3), 34-39.

Katz, S. (2000). Busy bodies: Activity, aging, and the management of everyday life. *Journal of Aging Studies*, 14, 135-152.

Kline, C. (1975). *The socialization process of women: implications for a theory of successful aging. The Gerontologist, 15*, 586-592.

Krekula, C. (2007). The intersection of age and gender: Reworking Gender theory and social gerontology. *Current Sociology, 55*(2), 155-171.

Laws, G. (1995). Understanding ageism: Lessons from feminism and postmodernism. *The Gerontologist, 35*(1), 112-118.

Lazar, A. & Nguyen, D. (2017). Successful leisure in independent living communities: Understanding older adults' motivations to engage in leisure activities. *Proceedings of the 2017 CHI Conference on Human Factors in Computing Systems.* 7042-7056. 10.1145/3025453.3025802.

Le Breton, D. (1990). *Anthropologie du corps et modernité*, Paris, P.U.F.

Lemish, D. (2012). Can't have it all: Representations of older women in popular culture. *Women & Therapy, 35*(3-4), 165-180.

Lopata, H. Z. (1970).The social involvement of American widows. *American Behavioral Scientist, 14*, 41-57.

Macdonald, B. & Rich, C. (1983). *Look me in the eye: Old women, aging, and ageism.* San Francisco, CA: Spinsters Ink.

Macdonald, B. (1986). Outside the sisterhood: Ageism in women's studies. In

J. Alexander (Ed.), *Women and aging: An anthology by women* (pp. 20-25). Corvalias, OR: Calyx Books.

Martin, W. C. (1973). Activity and disengagement: Life satisfaction of in-movers into a retirement community. *The Gerontologist, 13* (2), 224-227

Mathews, S. H. (1979). *The social world of old women: Management of self-identity.* Newbury Park, CA: Sage Publications.

McMullin, J. A., & Berger, E. D. (2006). Gendered ageism/*age*(ed) sexism: The case of unemployed older workers.In T. Calasanti& K. Slevin (Eds.), *Age matters* (pp. 201-223). London, UK: Routledge.

Mead, G. H. (1934). Mind, self and society. Chicago, IL: The University of Chicago Press.

Minkler, M. &Fadem, P. (2002). Successful aging: A disability perspective. *Journal of Disability Policy Studies*, 12(4), 229-35.

Minois, G. (1989). *History of old age: From antiquity to the renaissance.* Oxford, UK: Polity Press.

Moody, H. R. (1992). Gerontology and critical theory. *Gerontologist, 32*(3), 294-95. doi: 10.1093/geront/32.3.294

Mulvey, L. (1990). Visual pleasure and narrative cinema. In P. Erens (Ed.), *Issues in feminist film criticism* (pp. 28-40). Bloomington, IN: Indiana University Press.

Neugarten, B. L., et al. (1964). *Personality in middle and late life: Empirical studies*. New York, NY: Atherton Press.

Neugarten, B. V., Havighurst, R. J., & Tobin, S. S. (1961). The measure of life satisfaction. *Journal of Gerontology*, 16: 134-143.

Orr,C. (1997). Charting the currents of the third wave. *Hipatia, 12* (3), 29-44.

Orr, C. M. (1997). Charting the Currents of the third Wave. *Hypatia, 12*(3), 30.

Ray, Ruth E. (1996). A Postmodern perspective on feminist gerontology. *Gerontologist, 36*(5), 674-80.

Ray,R. E. (1996). A postmodern perspective on feminist gerontology. *The Gerontologist,36*(5), 674-680.

Riley, M. W. (1998). Successful aging. *Gerontologist*, 38(2), 151.

Roiphe, K. (1993). *The morning after: sex, fear and feminism on Campus.* Boston, MA: Little, Brown and Company.

Russell, C. (1981). *The aging experience.* Sydney, AU: Allen & Unwin.

Scott, J. W. (2011). *The fantasy of feminism history.* Durham, NC: Duke University Press.

Shahar, S. (1997). *Growing old in the middle ages: Winter clothes us in shadow and pain*(Y. Lotan, Trans.) New York, NY: Routledge.

Shahar, S. (2003) *The fourth estate: A history of women in the middle ages* (C Galai, Trans.). New York, NY: Routledge.

Sontag, S. (1972). The double standard of aging. In M. Pearsall (Ed.), *The other within us: Feminist explorations of women and aging* (pp. 19-24). Boulder, CO: Westview Press.

Twigg, J. (2004). The body, gender, and age: Feminist insights in social gerontology. *Journal of Aging Studies*, 18(1), 59-73.

Vogue (2019, May 4) Madonna on motherhood and fighting ageism: "I'm being punished for turning 60". *Vogue*. Retrieved from: https://www.vogue.co.uk/article/madonna-on-ageing-and-motherhood

Wallace, C. & Abbott, P. (1999). Series editors' Preface. In B. Brook (Ed.), *Feminist perspectives on the body.* (p. vii). London, UK: Longman.

Woodward, K. (1999). Introduction. In K. Woodward (Ed.), *Figuring age: Women, bodies, generations* (pp. ix-xxix). Bloomington, IL: Indiana

University Press.

Zeisler, A. (2016). *We were feminists once: From riot grrrl to covergirl, the buying and selling of a political movement.* New York, NY: Public Affairs.

第 2 章
「老女人」的生命境遇與反思
女性主義的批判

壹、前言

年齡，是女人的秘密；年老，是女人的焦慮。年齡並非只是統計數字，年老也並非只是歲月過往，它承載著許多生理、心理、社會和文化意義，並且具體表現在日常生活的實踐中，影響人們的自我認同、身分評價、社會位階與生活機會。在充滿「年齡歧視」（ageism）的「青春霸權」社會中，「老」常讓人覺得羞慚，避之唯恐不及。

相對於男性，「老」更可能成為女人難以承受之重。「老」已變成一種羞辱女人的話語，一句「老女人」，可能就會讓人怒目以對，甚至對簿公堂。因此，人們總是抗拒「老」的事實與符號，很多女性更是無所不用其極的去掩飾歲月的痕跡，期待「不老」的神話，因而陷入生命的困境。女性在生活世界裡的艱難，

在於必須面對雙種霸權的壓迫：「男性霸權」與「青春霸權」，女性除了必須掙脫父權社會男性中心的宰制外，老了還必須對抗青春霸權年輕至上的歧視。

在青春崇拜的資本主義消費文化中，更有許多商人藉由羞辱老人、醜化老人，甚至恐嚇老人而牟取暴利。在「厭老文化」中，「老女人」的處境尤其艱難，特別在視覺媒體上的角色和形象。就像作家謬西（2003）在《魔蠍》一書提到的：這是個青春氾濫的時代，除了青春，其他都是有罪。

英國媒體女聖戰士Katharine Whitehorn曾經在英國衛報（*The Guardian*）發表一篇〈生命不對稱的鏡子〉（the lopsided mirror to life），指控老年性別的不平等。她指出老是男女都會經歷的過程，但在銀幕上往往只有男人才能正向的變老（Whitehorn, 2010）。美國波士頓大學社會學教授 Elizabeth Markson 和 Carol Taylor 分析 1930 年代至 1990 年代之間製作的 3000 多部電影，發現老年演員的拍攝方式幾乎沒有改變，年長的男性角色可能會淡化身體老化的跡象，他們仍然充滿活力，並且在社會上扮演積極性的角色，無論是英雄還是反派，而年齡較大的女性形象則恰恰相反，她們大部分只是一種背景或陪襯的角色（Markson & Taylor, 2000）。

1970 年代起，女性主義者的「年齡意識」慢慢萌芽，只是在女性主義運動中並未造成廣泛的迴響。1970 年，Simone de Beauvoir 在《老年》（*La Vieillesse* / *The Coming of Age*）一書，率先將老年納入女性主義的理論視域。1972 年，Susan Sontag 在

美國著名文學雜誌《周末評論》（*Saturday Review*）發表〈老化的雙重標準〉（the double standard of aging），描繪社會對老年婦女的不公，以及面對年輕宰制文化壓力下，「老女人」的生命艱難。

隨後，相繼有 Betty Friedan、Barbara MacDonald、Margaret Gullette、Cynthia Rich、Germaine Greer、Lynne Segal，還有 Toni M. Calasanti 和 Katherine Woodward 等女性主義者，也從文化理論、女性文學或年齡研究（age studies），探索女性生命的老年面向。只是，相較於女性主義運動的波濤洶湧，「年齡意識」在女性主義的研究與實踐中，仍然是雲淡風輕、聊備一格，很少發揮關鍵性的作用。也很少有女性主義者願意費心駐足、承先啟後繼續深入探討。

如今，台灣女性在女性主義運動波濤後，性別平等已有長足的進展，然而面對青春霸權的年輕勢力，往往力不從心，甚至成為「沉默的共謀者」。為喚起女性的「年齡意識」，本文依時間先後，臚列出這些具有啟蒙作用的少數女性主義者的老年論述與主張，做為往後老年女性研究的參考。

貳、Simone de Beauvoir：老人作為「他者」的存在

Simone de Beauvoir（1908-1986）是法國作家、存在主義哲學家，是法國婦女解放運動的代表人物，也是 1970 年代女性主

義運動最重要的理論家之一。她從 1946 到 1949 年，花了將近 14 個月的時間撰寫《第二性》（*Le Deuxième Sexe*, 1949 / *The Second Sex*, 1953），提出「女人不是生成的，而是形成的」（One is not born, but rather becomes, a woman.）的概念，挑戰所有本質論的女性主義與反女性主義者（antifeminist），至今仍然被視為女性主義的經典名言。

然而，許多人只看到 Simone de Beauvoir 的性別意識，她的年齡意識往往被忽略了。對 Simone de Beauvoir 而言，身為女人，老化（ageing）是一生必須面對的難題。在《第二性》的第二卷中，她以 40 歲的年紀，寫出從熟齡到老年的女人角色和生命變化。60 歲時，她又出版專書《老年》（*La Vieillesse*, 1970 / *The Coming of Age*, 1972），試圖打破「共謀的沉默」（la conspiration du silence），提供一份清晰的「社會的祕密恥辱」（society's secret shame）圖像和警語，道出老人必須遭受和忍受社會的孤立和隔離之苦。她從現象學、存在主義，以及馬克思主義理論和精神分析的角度，思考、分析老年和老化；她從生活上，老年與身體、時間和外在世界的關係探討年齡問題。

《老年》分成兩部分，第一部分是「從外部看老年」（old age as seen from without），Simone de Beauvoir 從遠古到現代，從神話、歷史、哲學到社會分析，從不同國家和文化，進行老年與老化意義的研究；第二部分則是「從內部看老年」，以「存在於世界」（being-in-the-world）的實際老化經驗，討論老年面臨的生命困境。Simone de Beauvoir 在前言中解釋這種區分的動機：

每一種人類處境，都可以從外部（局外人）的角度來觀察，也可以從內部（局內人）的經驗來理解，不但具有主體性的存在，同時又假設超越的可能性。對於局外人來說，老年人是某種知識的對象，對於局內人來說，老年人自己親身體驗他的狀況，一種即時的、活生生的理解，由老人內心看待他與身體、時間和外部世界的關係。

荷蘭著名的哲學和社會科學家 Jan Baars（1903-1989）指出，這本書是繼 Marcus Tullius Cicero 在公元前 44 年寫的《論老年》（*On Old Age*）之後，第二部關於年齡的主要哲學著作（Baars, 2012）。《規訓老年》（*Disciplining Old Age*）（1996）和《文化老化》（*Cultural Aging*）（2005）的作者，加拿大特倫特大學（Trent University）的社會學教授 Stephen Katz 認為比起《第二性》，《老年》這本書是世界上最偉大批判作家之一的大膽嘗試，然而顯然被女性主義者忽略了（Katz, 2016）。美國老年學家 Roberta Maierhofer 聲稱對這本書的輕忽，反映了女性主義者對老化的普遍忽視，女性主義研究者似乎對 Simone de Beauvoir 關於變老的矛盾思考缺乏耐心（Maierhofer, 2000）。

Simone de Beauvoir 是存在主義者，她不只以哲學性「我」來書寫，而且使用自己的經歷和體驗來寫作。《老年》與《第二性》不同的地方是，Simone de Beauvoir 寫《第二性》的時候是40 歲，寫的是 4、50 歲中年婦女對老年的想像、思辨和焦慮，描述的是中年婦女在情慾之間的掙扎，在獨立、自由與依附之間的游移不定，對老年的著墨其實不多，《老年》則是 Simone de

Beauvoir 在 60 歲邁入老年階段的生命演繹,因而有更親近性的
體驗,更能觸及老年的生命深處,卻對女性的分析較少。所以,
要理解 Simone de Beauvoir 的女性主義老年意識,必須將《第二
性》和《老年》對照著閱讀。整體而言,Simone de Beauvoir 對
老年、女性的相關思想和主張,可分成下列數點來敘述。

一、「老」是一種歷史、階級和文化的界定

Simone de Beauvoir 存在主義的哲學取向,總是習慣以現象
學的角度,來探究事物之意義所在。在《第二性》她提出一個根
本性的問題:「甚麼是女人?」在《老年》她仍然提出同樣的問題:
「甚麼是老人?」或者,變老意味著什麼?

Simone de Beauvoir（1972）指出老年的界定絕非易事,老
年不僅僅是一個統計事實,而是某個過程的延長和最後階段。「老
化」是一種生物學現象,在老年的生物體顯示出某些特殊性。然
而,它不僅是生物學的現象,而且是文化的事實。像所有人類處
境一樣,老年具有存在的維度,它改變了個人與時間的關係,從
而改變了她／他與世界和她／他自己歷史的關係。

Beauvoir（1972）認為人類不會生活在自然狀態中,在老年
中,就像一生中的其它時期一樣,其位階是由所屬的社會文化所
加諸的。藉由不同的文化和歷史的探究,她認為老年的意義,是
在我們的歷史、階級和文化之中界定而成。老沒有絕對的先驗性
終點,老是透過社會集體的需求和利害關係所構成的;每個社會

都會創造自己的價值，「老化」一詞要在某個社會背景下，才具有確切的涵義。

Simone de Beauvoir 指出，老年並沒有一個明確的界線。青春期的轉捩點，允許在青少年和成年人之間劃出一條界限；在 18 歲或 21 歲時，青年人被允許進入成年人的世界，這種「進入」幾乎總是伴隨著一種「入會儀式」。然而，老年開始的時間是不明確的，它隨著時代和地點的差異而不同，我們找不到任何「入會儀式」能證明老年的狀態（Beauvoir, 1972）。Simone de Beauvoir 指出社會把老年看作一種不體面的秘密，有大量的文學涉及婦女、兒童和青年人，但除了少數專論外，我們幾乎找不到任何關於老年人的作品。

在《老年》一書中，Simone de Beauvoir（1972）指出由於社會或政治原因，老年有時被賦予特殊的價值。比如對中國古代的婦女來說，老年可能是一個避難所，可以抵禦成年生活的嚴酷。其中有一些人，會從一個悲憫的人生觀，安逸地去適應。但是，絕大多數人會以悲傷或拒絕的心情，看待老年的到來，因而使得老年比死亡本身更被厭惡。

Simone de Beauvoir 注意到年齡、貧困，以及年齡和非人性化之間，存在著哲學上的複雜關係。老年人不僅在當代資本主義社會處於邊緣地位，而且是非人性的。她批評法國的老年貧窮化政策，可以用幾個詞來概括：遺棄、隔離、腐爛、癡呆、死亡，它預設了他們年老時殘廢和悲慘的狀態（Beauvoir, 1972：256）。Simone de Beauvoir 認為一個人不應獨自一人開始自己的

最後歲月，老年人的衰老開始得太早是社會的錯。在社會厭老的氛圍下，老年人的衰老是迅速的，心理上是痛苦的，道德上是殘暴的，因為他們幾乎空手而進、無備而來。一些被剝削、被疏遠的人一旦失去力量，就不可避免地成為「被拋棄者」、「被拒絕者」。因此，在任何情況下，每一個人都不希望被視為老年人。老年的不幸，暴露了我們整個文明的失敗。如果我們希望老年的狀態可以接受，那就是必須重整個人，必須重建人與人之間的整體關係。

二、「老人」作為「他者」的存在

Simone de Beauvoir 在《第二性》中以「女人是他者」（woman as other），來闡述女性的社會處境。在《老年》，Simone de Beauvoir 同樣以「他者」來分析被邊緣化和沮喪的另一種人：老人。Simone de Beauvoir 聲稱，老人不僅是一般人眼中的「他者」，也是自己內心的「他者」。儘管我們自己是「老年的未來居所」（the future dwelling-place of old age），卻拒絕承認我將成為的老年人。甚至，背離自己，在內心裡，我成為我自己的他者。她在《第二性》中指出，一個人越老，越拒絕認識自己，不認識鏡子裡的自己，不認識生活中的自己。總要別人相信，時間並沒有在身上留下半點痕跡；不但穿著打扮愈來愈年輕，連行為舉止都表現得很孩子氣（Beauvoir, 1949 / 1953）。

Beauvoir 在《老年》書中寫道，在積極參與社會的年輕成

員眼裡，老人看起來像是「不同物種」（different species），因為他沒有參與任何活動（Beauvoir, 1972：217、231）。然而，Beauvoir 指出，老年人之所以缺乏參與，部分來自外部，部分來自內部。因為隨著年齡的增長，身體從一種從參與的工具，變成了一種阻礙，使我們難以接近世界。然而，老年的意義如果在於利用這些困難，把老年人降為他者的地位是不公正的。

老年的矛盾在於，如果老年人表現出和年輕人一樣的欲望、同樣的感情，和同樣的需求，社會就會厭惡地看待他們。在他們身上，愛情和嫉妒似乎是令人厭惡或荒謬的，他們是性厭惡（sexuality repulsive）和暴力荒唐（violence ludicrous），他們被要求成為所有美德的典範。最重要的是，他們被要求表現出平和，世界聲稱他們擁有平靜，而這種斷言允許世界忽略他們的不快樂（Beauvoir, 1972）。

社會甚至為老年人提供純潔的自我形象，一個白髮蒼蒼、德高望重的聖人形象；經驗豐富、受人尊崇，凌駕於人類的共同狀態之上。與第一個形象相對應的是，說話顛三倒四的瘋老頭、年輕人取笑的對象。不管怎樣，無論是因為他們的美德，還是他們的墮落，他們都站在人性之外，因此，世界可以毫無顧忌地，拒絕給予他們最低限度的支持（Beauvoir, 1972）。以至於，老年人甚至自我排斥，拒絕承認自己，因此，老年人如災難般隱約可見，即使在那些被認為保養得很好的人中。

Beauvoir 以「廢物」（scrap）一詞充分地表達老年的意義。Beauvoir 說，有人告訴我們退休是自由和休閒的時刻，詩人歌頌

「到達港口的樂趣」，這些都是無恥的謊言。社會給絕大多數老年人造成如此可悲的生活水平，以至於老年人和窮人幾乎是同義詞。在人們生命的最後十五、二十年裡，一個人只不過是一塊垃圾，一塊碎片。老人被拒絕了，精疲力盡，赤裸著，只剩下他的眼睛在哭泣（Beauvoir, 1972）。

三、面對老化的焦慮是女人的一輩子的功課

Simone de Beauvoir 是存在主義的哲學家，時間和死亡是對生命的思考，因此，關注老年／老化是一種哲學的任務，也在為自己找到生命的出口。除了 40 歲寫《第二性》，60 歲寫《老年》專書以外，她在 50 多歲時，在《巴黎評論》（*The Paris Review*, spring-summer 1965）也提及：「我一直很清楚時間的流逝。我一直以為我老了，12 歲的時候，就用 30 歲來嚇自己，覺得那是可怕的年紀了。我總是被時間的流逝，和死亡不斷逼近感到困擾。」

在《第二性》一書中，Simone de Beauvoir（1949/1953: 978）寫到：女人一生每個階段，分別看來都是平緩而單調，但是從一個階段過渡到另一個階段，過程都是粗暴而艱險。青春期、初次性經驗、更年期，這些過渡階段的激變，對她的影響都非常深刻，比男人的情況更糟糕。男人的老化是漸進的，女人老化時則會突然喪失了女人特性；對社會和對她自己來說，性吸引力與生育能力為她的存在取得了正當性，讓她得以享有幸福，而一旦

面臨老化，她便喪失了性的吸引力，也不能再生育，然而她仍正值盛年，眼前還有大半輩子要過，而占去她成年後一半時光的人生，卻沒有了未來。

女人從青春年少邁入中老年，卻在這時才意識到這件事。她發現自己的丈夫、自己的社會身分、自己做的事一點都配不上自己；她覺得沒有人能瞭解她。她和其他人劃開界線，將自己孤立出來，好讓她覺得自己高人一等；她心中藏著一個秘密，並以此將自己封閉了起來，她不幸的一生答案都藏在這個秘密裡（Beauvoir, 1949/1953: 980）。同樣是老年，對女人和男人意義不同，結果也不同，女人處於特別不利的位置。「女人在這個紊亂時期，她的幻想與真實的界線，比在青春期時來得更模糊。日漸老化的女人很明顯的一個特徵是，喪失了自我的感覺，讓她失去了所有的定位。」（Beauvoir, 1949/1953: 984）

Simone de Beauvoir（1949/1953: 989）說，女人邁入老年的那天，她的處境就起了變化。這時，她成了不一樣的人，失去了性別，雖然是個完全成熟了的女人，卻只是一個老嫗。雖然她已經度過了熟齡期的短暫「回春」階段，但不能這樣就認定她從此可以安然度日。她不再與無可避免的時間宿命爭戰之後，還會有另一場戰役等著她，也就是她必須努力在世上占有一席之地。

四、老年生命「戲仿」的超越

Simone de Beauvoir（1972）認為，與生命形成對比的是

老年，而不是死亡。老年是生命的「戲仿」（old age is life's parody），而死亡將生命轉化為命運。Beauvoir 在《老年》書中寫道，如果老年不是對我們過去生活的荒謬模仿，那就是繼續追求賦予我們存在意義的目的，獻身於個人、團體或事業、社會、政治、智力或創造性工作。儘管道德家的意見與此相反，在老年時，我們還是希望有足夠強烈的激情，來阻止我們自暴自棄。一個人的生命是有價值的，只要他用愛、友誼、憤慨、同情，把價值歸於他人的生命。人們經常被建議為年老做準備，但是，如果這僅僅適用於存錢、選擇退休的地方、培養愛好，那麼當這一天來臨時，我們也不會因此而變得更好。

Beauvoir 在 60 歲時寫這本書，確實強調了老年人的無能為力和絕望，部分原因是身體虛弱，而很大程度上是由於社會孤立和邊緣化，因此，毫無保留地對衰老感到悲觀。Anne Wyatt-Brown（2000）指出，1970 年代的發行商正在尋找更多有關老年人的英雄主題和好消息，《老年》似乎是不合時宜的，它充滿了 Beauvoir 自己對衰老過程的憤怒和憂慮。然而，他們似乎忘記了 Beauvoir 對超越的期待和努力。

Beauvoir（1972）認為老年並不是人類生活的必要結束。它甚至不代表 Jean-Paul Sartre 所說的「我們偶然性的必然」（necessity of our contingency），就像身體一樣，它可以通過各種調整和自動反應，通過實際知識和智力知識來補償損失、退化和失敗。只要這些缺陷只是偶爾出現，只要它們很容易緩解，老化這個詞就不再適用。

　　Simone de Beauvoir（1972）宣稱：我無法知道無限，也不接受有限。我要在生命的冒險之旅中，繼續前進永無止境。像 Sartre 年老一樣，雖然體力衰退，但仍然可以證明自己的存在。她認為，享有特權的 Sartre 處境，應該是我們的共同命運。過去並非平靜地躺在我們背後的景觀，那是可以隨興漫步的家園，眼前逐漸出現一座座奧秘的丘陵和山谷，我將爬越山谷，繼續往前邁進。

　　Beauvoir（1972）認為對大多數人來說，對年齡的恐懼是可以接受的，因為從生命而言，年齡是站在死亡的對立面。然而，這並不是說，老年人只能坐著等死，或者社會的年輕成員把他們當作看不見的階級來對待。相反，Simone de Beauvoir 以一種存在主義的方式辯稱，老年肯定仍然是一個充滿創意和有意義的人生，以及與他人建立關係的時期。這意味著，最重要的是，老年不應該是一段無聊的日子，而是一段不斷進行政治和社會活動的時光。

　　Beauvoir 認為老年人無法從他們的空虛生活中得到庇護（1972：459）。對於個人來說，社會年齡、生物年齡和心理年齡的含義很少一致。對她個人來說，晚年並不全然是一種悲慘的孤獨體驗。這就需要改變老年人本身和整個社會的定位，這就必須改變一個人只有在有利可圖時才有價值。相反，個人和社會都必須把老人當人，讓他們過著像人的生活。

參、Susan Sontag：老化的雙重標準

Susan Sontag（1933-2004）是美國著名的作家、哲學家和女性主義者，也是二十世紀指標性的評論家。一向關心人權議題的 Susan Sontag，1972 年，在她即將邁入四十歲的年紀，於美國著名文學雜誌《周末評論》（*Saturday Review*）發表一篇文章〈老化的雙重標準〉（The double standard of aging）（Sontag, 1972），以細膩、深刻的筆調，描繪出社會對老年婦女的不公，以及面對年輕宰制文化壓力下，「老女人」的生命艱難。每一字、每一句，都會觸動女人脆弱、孤單的心弦。雖然事隔幾十年，至今讀來，仍然心有戚戚。

這篇〈老化的雙重標準〉大致可分成幾個重點，所談的是女性老化必須面對男性中心、年輕宰制的文化霸權，因而產生的生命困境，並且深刻的反思性別和年齡關係的合理性，對女性主義老年學思維具有啟蒙性的影響。

一、老化的雙重標準

對於老年女性的生命分析，Susan Sontag 最被人引用的概念，就是「老化的雙重標準」（The double standard of aging）。Susan Sontag 指出，年輕與年老、男性與女性，這種二元對立所形成的刻板印象，一直囚禁著人們的心靈。不公平的是，不同性別面對老化的不同遭遇。對女性而言，老化的自然過程是帶有羞

辱性的失敗（a humiliating defeat），當她們臉上呈現年齡增長的痕跡時，受到的懲罰明顯的比男性嚴重。

Susan Sontag 在還沒出版《疾病與隱喻》（*Illness as Metaphor*）（Sontag, 1978）之前，就指出女性和老化的疾病隱喻，顯示出女性生命的衰弱與愧疚的自卑感。她說，老年是生命真正的考驗，男女都會經歷類似的過程。變老主要是對想像力的考驗，一種道德疾病、一種社會病理學的隱喻。然而，女性遭受的痛苦遠大於男性，女性是在一種厭惡甚至恥辱中經歷了老化。

在女人的生活中，外表上的魅力比男人重要得多。但是，美貌不能經得起歲月的考驗。隨著年紀的增長，臉蛋開始暗沉、乾癟鬆弛、皺紋細佈，「老去」就像隨時伏擊的猛獸，叫人惶恐，無數女士只好奮力抵抗。

老化的雙重標準最殘酷地體現，在男女性感覺（sexual feeling）的不平等，這種不平等永遠對婦女不利。在性事上，女性比男性更早失去性資格。一個男人，即使是一個醜陋的男人，也可以一直到老都保持合格，即使對於一個年輕漂亮的女人，他都是一個可以接受的伴侶；女人，即使是漂亮的女人，年紀還不大就變得不合格了，除非作為非常年長的男子的伴侶。

男人只要能做愛，就能保持性可能。婦女則處於不利地位，因為她們的性資格，全憑是否符合某些與容貌和年齡有關的更為嚴格的條件。對大多數女性來說，老化意味著一個逐漸喪失性資格的屈辱過程。

老化的雙重標準將婦女的生活變成了無情的步伐，一步步朝

向不僅不吸引人，而且令人作嘔的道路邁進。女人一生中最深刻的恐懼是，Rodin 的一尊名為《老年》的雕像所代表的那一刻：一個赤裸的老婦人，坐著，可憐兮兮地思索著自己扁平、下垂、毀壞的身體。

二、年輕宰制的文化壓力

Susan Sontag 指出，這個社會賦予年輕人的情感特權（emotional privileges），激起了每個人對變老的焦慮。她特別提到城市與部落、農村社會的不同，認為所有的現代城市化社會，都貶低成熟的價值，並把榮譽堆在年輕人的歡樂之上。

這樣的城市社會必須創造一種新的生活節奏，以刺激人們購買更多的東西：快速消費和更快的丟棄。在這個旨在刺激日益高漲消費水平的世界中，最流行的幸福隱喻就是「青春」。青春是活力、躁動、欲望的隱喻，是欲求狀態的隱喻。

在這個歌頌青春、喜愛萌樣的年代，年輕的魅力在一定程度上影響著社會的每個人。雖然男性也容易因老化而出現週期性的抑鬱情緒，例如，在工作中感到不安全感、體力不足或報酬減低。但是男人很少像女人那樣對老化感到恐慌，對男人來說，變老的傷害沒有那麼深刻。年輕文化的侵襲，雖然使男人和女人在老去時都處於防禦狀態，然而老有雙重標準，譴責女人，卻對男人寬容，社會可以通過多種方式，允許男人不因年齡的限制而遭受懲罰。

三、女人對年齡的焦慮

Susan Sontag 說：「日曆是女人最後的仲裁者。」在沉迷於青春神話的世界中，人們把幸福與年輕劃上等號，使每個人都喋喋不休地想知道別人的確切年齡，卻忐忑不安的謊報自己的年齡。Susan Sontag 指出，女人對年齡的焦慮：「你不知道，你不應該問一個女人她的年齡嗎？」她可能會用一個笑話來迴避這個問題，或者用俏皮的憤慨來拒絕這個問題。她會猶豫片刻，尷尬但又不甘示弱。她可能會說實話，更可能撒謊。但是，無論是實話、逃避還是說謊，都無法緩解這個問題的不愉快。對於必須坦承其年齡的婦女，在一定年齡之後，總是會遇到小小的折磨。

在一定年齡之後，詢問女人年齡就是無視禁忌，會被視為不禮貌或完全出於敵意。幾乎每個人都承認，一旦她過了一個實際上還很年輕的年齡，婦女的確切年齡就不再是好奇心的合理問題了。在童年之後，婦女的出生年份已成為她的秘密和私有財產、一個羞恥的秘密。因為，女人的機會通常部分取決於「合適的年齡」（right age），如果她的年齡不對，如果她認為自己可以逃脫，那就會撒謊。她可以開個玩笑迴避這個問題，也可以玩弄憤慨拒絕。

Susan Sontag 指出，年齡也因社會階層而異。在這個社會中，經濟上處於不利地位的婦女對老化的宿命論更強，她們不能長時間或頑強地打一場美容戰，因此窮人看起來比富人老得多。但與勞動階層女性相比，中產階級和富裕女性對年齡的焦慮當然更為

普遍，也更為嚴重。

對一個女人來說，想要成為「合適的年齡」的願望，有一種特殊的緊迫感；而對一個男人來說卻從未如此。當女人不再年輕時，她的自尊心和生活樂趣，很大一部分會受到威脅。大多數男人在經歷變老的過程中，都會感到懊惱和憂慮，但大多數女性有更痛苦的經歷：帶著羞愧。

儘管這種不平等制度是由男人操縱的，但如果婦女自己不默許，它就無法發揮作用。婦女們常常以自滿、痛苦和謊言，有力地增強了這種感覺。透過女人這些掩飾年齡的謊言，或是對真實年齡的羞愧，強化了這種不平等的制度。Susan Sontag 指出每當一個女人謊報自己的年齡時，她都會成為年齡歧視的共謀者。Susan Sontag 期望一個女人在「某個年齡」之後，能夠坦然不諱地說出她的年齡。

四、美麗是女人的事業，也是奴役的舞臺

Susan Sontag 說，在這個社會，美貌是婦女的事業，也是奴役她們的舞臺。婦女在衰老方面，比男子受到更嚴厲的懲罰，其背後的真相是，在這種文化中，人們對婦女的醜陋容忍度不如男人。醜陋的女人永遠不會只是單單引起反感，每個人，無論男人還是女人，都覺得女人的醜陋令人尷尬。許多在女人臉上算得上醜陋的特徵或瑕疵，在男人臉上卻是可以忍受的。Susan Sontag 認為，這不僅僅是因為男女審美標準不同，而是因為對女性的審

美標準比對男性的審美標準高且窄。

在這個社會的婦女生活裡，自尊心、自然誠實、自覺風華的時間是短暫的。一旦過了青年期，女性就被譴責去創造和維持自己，以對抗年齡的侵蝕。大多數被認為有魅力的女性身體特質，比那些被定義為男性的特質，在生活中退化得更早。事實上，它們在正常的身體轉換過程中，很快就會消失。

任何年齡階段，女性的美麗標準都是她能維持多久，或如何模仿年輕人的外表。像男人一樣，他們發現女人的老年比男人的老年更醜。女人之所以在我們看來美麗，恰恰是因為她們看起來不像她們的真實年齡。社會不允許在我們的想像中出現一個看起來像老女人的美麗婦人——一個可能像畢卡索九十歲時，在法國南部的莊園裡，只穿著短褲和涼鞋在戶外拍照的女人，沒有人想像能有這樣的女人存在。即使是特殊的例外——女星梅蕙絲（Mae West）——也總是在室內拍攝，巧妙地用燈光，從最嫵媚的角度，穿戴整齊、藝術化的衣服。言下之意是，她們無法經得起仔細觀察。一個穿著泳裝的老婦人也可以很有魅力，這是人們無法想像的。老女人的身體，不同於老男人的身體，總是被理解為一個不能再展示、提供、揭穿的身體，最多只能以著裝的方式出現。

五、女人面對老化困境的智慧

老化與其說是一種生理上的不測，不如說是一種社會判斷。比更年期所遭受的痛苦更為廣泛的是老年的抑鬱，這種抑鬱並非

由女性生活中的任何真實事件所引起的，而是因社會規範對她想像力反覆「占有」的狀態。也就是說，因為這個社會限制了女性自由想像自己的方式。

Susan Sontag 引用 Richard Strauss 感傷的諷刺歌劇《羅森卡瓦利埃》（Der Rosenkavalier）中，有一個對老化危機的典型描述：與愛慕的年輕戀人共度一夜之後，瑪莎琳（Marschallin）突然與自己過不去。就像每天早上一樣，她獨自坐在臥室的梳妝臺上，這是每個女人都要進行自我評價的日常儀式。她看著自己，感到震驚，開始哭泣。她感覺自己的青春結束了，因此她勇敢地做出了痛苦而勇敢、道德的決定，精心安排她愛的歐大維（Octavian）愛上一個和他同齡的女孩。因為她認為她不再有資格，她現在是「老瑪莎琳」（the old Marchallin）。

Susan Sontag 說，老化是一個動蕩不安的厄運。這場危機永不枯竭，因為焦慮從未真正耗盡。然而，它是一種想像力的危機，而不是真實生活的危機，但它卻一次又一次地自我重複。因此，老化的焦慮沒有固定的界限，在一定程度上，它可以任人定義。在消化了最初的衝擊之後的每個十年，一種令人憐愛的迫切求生衝動，幫助許多婦女再將界限延伸到下一個十年。青春期後期，三十歲似乎是生命的終點；三十歲時，再把刑期向前推到四十歲；四十歲還能再給自己十年時間。

Susan Sontag 指出，面對老化的焦慮，婦女還有另一種選擇，可以追求智慧、能幹、強壯與野心，而不僅僅是善良、擔當，不僅僅是忍讓、優雅。女人對自己要有遠大的抱負，而不僅僅是

為男人和孩子而存在。他們可以讓自己自然而毫無尷尬的老去，積極抗議和違抗那些源於社會的雙重標準而形成的常規。Susan Sontag 說女人應該說真話，女人應該讓自己的面孔展現出她們所經歷的生活。

肆、Betty Friedan：老年的迷思

Betty Friedan（1921-2006）是美國女性主義作家，也是美國 1960 年代婦女運動前驅，有「婦運之母」之稱。她是美國全國婦女組織（National Organization of Women）、全國政治小組（National Political Caucus）和全國墮胎權利行動聯盟（National Abortion Rights Action League）的創始人，是女性主義運動中最有影響力的人士之一，直到 1990 年代晚期，仍然活躍於美國政治界。

Friedan 也是當代相當有影響力的作家和知識分子。最著名的是 1963 年出版的《女性迷思》（*The Feminine Mystique*），點燃了第二波女性主義運動的火花，推動了美國現代女性主義運動的發展。在她邁入老年之時，1993 年出版《生命之泉》（*The Fountain of Age*），再度將婦女老化議題推入美國政壇，但星星之火卻無以燎原，並未引起更大的迴響，也沒有帶動女性主義擴展生命的視野。

跟其他女性主義者一樣，Betty Friedan 的所思、所為和所寫，都是以自己的生活經驗為基礎，為自己的生命找出口。《女性迷

思》是 Friedan 在 42 歲時的作品，描述了許多美國家庭主婦的無奈、沮喪和挫敗感；Friedan 在 72 歲時，再以《生命之泉》寫出身為一個老婦的困惑、恐懼和絕望。Betty Friedan 以其一貫有條不紊的研究和直率的見解，挑戰不可言說的老年焦慮。思考的是老年婦女如何從悲哀、無助、疾病與孤寂的恐懼中解脫。

Friedan 坦言，在 40 多歲的時候，不論是政治層面或個人興趣，老年並非她關注的焦點。跟其他女性主義者一樣，認為年齡在婦女運動中根本不是問題，她們都感覺自己年輕有為（Friedan, 1993）。Friedan 是在 60 歲生日過後的那幾個月，才無情的強迫自己研究老年問題。在《生命之泉》中，Friedan 就以一個小插曲作為前言：

> 在我六十歲生日那天，朋友們舉辦了一個驚喜派對，當時，我恨不得把他們都殺了。他們的祝賀詞似乎充滿敵意，好像要把我從生活中推走，要我退出這場政治、私人生活和性生活的競賽行列。生日過後有好幾個禮拜，我感到非常沮喪，簡直無法相信自己已經六十歲了。（Friedan, 1993：25）

Betty Friedan 認為，對老年問題的研究，不是因為對它特別感興趣，更不是因為婦女運動已告終結。Friedan 把它當成革命的第一步，這不是傳統的女人對抗男人的戰爭，而是一種進化上的突破，可以讓男女從兩極化性別角色中獲得解放。以前，女人負責養育，男人負責戰鬥，但現在每個人都有自己求生存的方式。

　　然而，當她想要為老年婦女找到解放的力量的時候，Friedan 看到 1990 年代興起的老年／人研究，大都是一些老年學者、老人病學者、老人生物學者和老人精神病學的學者，他們處理的問題都是尿失禁、記憶喪失、阿茲海默症、高血壓、中風，這種老年「醫療化」的研究取向，並非她想要關注的議題，無法為她的疑惑找到滿意的答案。更重要的，她發現在高齡化的社會，老年女性多於老年男性，從人口統計而言，老年問題是不折不扣的婦女問題，但大部分的政策和研究計畫，卻都是針對男性而設計。因此，Friedan 試圖在生物學之外，在醫療化之外，拋開男性中心的思維，為老年婦女找到晚年生命的答案。《生命之泉》中，Friedan 的老年思考可歸為下列幾點：

一、老年「問題」的社會迷思

　　在 Friedan 的思維中，這個世界總是充滿著許多迷思，因而掩蓋許多的真相。我們要知道真相，就必須掀開這些迷思。《女性的迷思》旨在突破「女性的迷思」，《生命之泉》則在揭露「老年的迷思」。Friedan 認為，老年「問題」最大的問題是社會將老年塑造成「問題」。

　　這個社會，「老年問題」或「老年困境」常常以令人震驚、充滿同情的字眼出現。大眾媒體對老年問題的執迷，使得解決老年問題變成迫在眉睫。媒體往往暗中管制老年的形象，拒絕呈現活躍於工作、休閒、情愛、運動，甚至消費的老年形象，將大部

分焦點放在老年人的生活「困境」，塑造老年「問題」的意識。就如台灣媒體對老年議題報導最多的是「長照」一樣，Friedan蒐集美國有關老年主題的報章雜誌，其中報導最多的就是老年安養院。

　　媒體一方面到處呈現老人無助、衰弱、依賴、孤苦伶仃、疾病纏身的困境；一方面報導老年人口增加，對社會安全福利、醫療保險的衝擊，增加家庭、國家的財政負擔。認為在這群看不見、無生產力、依賴社會的老人倍數成長之前，在老年人的衰弱、慢性疾病、醫療保險、安養院拖垮家庭和國家經濟之前，問題必須獲得解決。這種媒體塑造出來的老年迷思，扭曲我們對老化的看法，讓我們產生恐懼，因而更強化老年的迷思。即使是女性主義者，也很少對女性的老年恐懼提出挑戰。

　　1994 年 4 月 15 日，七十三歲的 Friedan 擔任一場以「五十歲以上的婦女：重新思考我們的生活」（Women over fifty: Rethinking our lives）為題的會議主題發言人，呼籲我們應該擁抱老年。她說：「年齡是什麼？另一個變化，僅此而已。」Friedan 認為老年人的「困境」，其實只是一種我們拒絕老化的方式。就像老年人表現出無助、像孩子般的「返老還童」，其實是逃避去面對自己的老化問題。Friedan 指出，老年迷思比女性迷思更可怕，更令人畏於面對，而且也更難以突破。她認為這種可怕的老年迷思，及老年真正的困境，多少是源自於我們對年輕理想化的執著，以及拒絕以老年的觀點來關照老年的現實。因此，唯有破除恐怖的老年迷思，才能觸及真正的問題核心。

二、老年「幼稚化」的迷思

Friedan 認為，拒絕老年的結果，發展到極致就是「返老還童」的期待和幻想。Friedan 說，如果我們在六十五歲後退出原來的成人角色，但又否認繼續成長的可能性，並且拒絕使用成熟的能力造福社會，當不能繼續模仿年輕時，只好幻想回歸童年。而一些老人照顧或養護機構，也都鼓勵老年人要回歸童年的可愛、幼稚、溫馴的生活，將老人當孩童一樣的看待和照顧。

對 Friedan 而言，任何拒絕老年的方式，都無意於自掘陷阱。她批評年輕主流的廣告行業，呈現的都是對青春的歌頌，在這裡老人消失了。Friedan 質疑，為什麼在媒體裡沒有老年的形象可以識別她今天的圖像？雜誌廣告顯示，甚至連原來以中年男士為廣告訴求的知名品牌 Hathaway 襯衫，也已經變成了一個雅皮的娃娃臉。在她看來，厭食症患者、目光空洞的時裝模特兒，並不是真正的榜樣，即使對年輕人來說也是如此。

像婦女雜誌報導《朱門恩怨》（*Dallas*）性感巨星 Linda Gray 慶祝四十六歲生日時，高興的說：「哇！又是二十七歲！」所採用的那種每年慶祝二十七歲生日的抗老策略，Friedan 稱這種態度為「絕望」。她在《生命之泉》採用「掃除蜘蛛網」的方法探討老化的奧祕。她說，老年的神話是，只有當變老卻沒有老樣的時候才可以接受。這種偏見的結果是一種自我實現的預言，年齡被視為衰退和絕望、厄運和沮喪，以及最終的創傷。

Friedan 認為我們應該秉持誠實地變老的精神，接受老年，

承認自己的年紀。她鄙視那些假裝自己比實際年齡年輕的人。Friedan 看到一些愚昧的老人，否定自己的年齡，還強裝年輕，看起來像塗滿防腐香料的木乃伊，這會令她厭惡萬分。她由一些親身經歷，瞭解老年如果緊緊纏住青春的幻影，是何等的痛苦。老年的恐懼是源自於對青春價值及知覺的自我沉溺，只要一天不能逃離年輕的陷阱，未來歲月的潛能就無法浮現，就無法運用年老的自由來選擇所要的生活；我們必須打破青春的鎖鏈，才能讓我們從悲哀、無助、疾病與孤寂的恐懼中解脫出來。

三、老年是婦女解放的機會

不同於其他女性主義者對老年婦女生命困境的擔心，Friedan 倒是發現女性在老年時解放的契機。Friedan 研究發現，以前女人生病的機會確實比男性多，她們經常被診斷具有精神病症和神經質，1960 年代開始，針對美國女性老化過程所做的研究顯示，女性已打破固有的迷思，明顯的不再受苦於心理疾病和身體上的極端疲累，所謂空巢期、更年期和守寡等等的創傷的說法不攻自破。

Friedan 的研究發現，男人和女人接受老化的方式不一樣。如果一個男人的妻子去世了，那麼他在未來兩年內去世的可能性比其他同齡男性要大。如果一個女人的丈夫死了，她可能會傷心，也可能不會傷心，但她不太可能會死。大多數的寡婦變得比丈夫在世時更獨立、更有能力，變得更自由、更活躍，而且更積極參

與社會活動。當女人不再把自己定位在家庭主婦或母親角色，而找到新目標的時候，她們的人生就會變得非常不同。女人在後半生面對最激烈的變化和斷層時，活力最旺盛。只有那些仍然受困於女性迷思的女人，才會認為更年期就是女人生命的終結。在受訪的婦女中，很多都已經超越青春的執著，不再為外貌煩心，願意變成說真話的女人，不再隱藏年齡。

對許多活力型的女人而言，老年最重要的不是婚姻、小孩、身體或美貌，而是探求，繼續發展新的目標和計畫。Friedan 打破了女性「空巢症候群」（empty nest syndrome）的迷思。她說，沒有家庭責任的婦女不會浪費時間，她們繼續做自己的事情。老年反而讓婦女從傳統、被動、僵化的女性角色獲得解放。反之，到了老年，男性往往失去權力、控制和優勢之後，被養成柔順的被動性。

Friedan 說，如今我們開始看到老年女性的創造力，我們無法預測那些活過六十、七十和八十歲的人，會繼續成長和發展出什麼。在某種程度上，Friedan 的《生命之泉》是一種生命「復甦的敘事」（recovery narrative），講述她如何克服了自己對老化的否認，享受「我從未如此自由」的樂趣。

四、愛和工作是老年生命的關鍵

Friedan 說，隨著年齡的增長，生命有主要兩個關鍵目標和計劃，那就是愛和工作，它們賦予我們一天豐富的結構和親密的

紐帶。老年工作的重點在於脫離權力和成功的鞭策之後，滿足在老年進化上的需要。她認為老年的迷思是源於年過 65 歲的人，被任意的從生產性的勞動中撤走；老年學的研究中，退休不必然會感到輕鬆和滿足，反而會產生一種加速死亡的壓力。Friedan 說，退休標誌著一個無角色的新起點，在欠缺社會定義下，老年人必須要創造自己的角色。

Friedan 指出美國在 1935 年開始實施強制退休和社會安全福利制度，當時正處於經濟大蕭條時期，這樣的制度並非起源於對老年人的人道關懷，而是因為老人下台可以為年輕人製造更多的工作機會。Friedan 認為一些誘導性退休所帶來的壓力和痛苦，那種悲憫式迷思所壓抑的羞慚和激憤，會使我們成為自我放逐的共犯。Friedan 把退休諮詢稱為一種自信騙局，她指出，真正的殺手不是退休，而是被迫退休導致了與快速衰退和死亡的撤退。

Friedan 認為老年需要愛，但老年的愛，主要不是性，而是親密。有些人有性，卻沒有親密關係。這種親密關係是跨越性別的，不是勃起，不是插入。老年的愛重視的是真摯、承諾、奉獻，這些都無關性，而是親密的本質。

她說，雖然性交可以超越自我束縛，在根本上和對方接近，但也可以是深沈的疏離和自我嫌惡。Friedan 從訪問、研究和個人的經驗發現，似乎到達某個年紀，女人不管已婚或未婚，都無法讓自己屈服於沒有親密、沒有共享感情的形式上的結合。Friedan 認為年老繼續成長最根本的關鍵，是一個自我的真正完整性，能夠超越男女特質的分裂，真正的親密必然和共享誠實、真實的自

我有關。她認為性高潮的測量，根本無法測出這種分享的基本關係。這種親密連結、真正分享自我關係，正是生命之泉的主要來源。

伍、Cynthia Rich & Barbara Macdonald：「老女人」的不可見

Cynthia Rich（1933-）和 Barbara Macdonald（1913-2000）是作家、女同志女性主義政治活動家，也是在一起二十六年的伴侶。Cynthia Rich 從 1960 年代後期開始，在哈佛大學教授寫作，課程重點包括性別歧視、同性戀恐懼症和種族歧視。她積極參與和平與社會正義運動，擔任「新英格蘭婦女之聲」（Voice of Women--New England）主席，並定期為女性主義刊物（如 *Ms. Equal Times* 和 *Sojourner*）撰稿。Rich 也是 San Diego「老年婦女計劃」（The Old Women's Project）的聯合創始人之一，該組織致力於探討與對抗老年婦女的年齡歧視與社會正義問題。

Barbara Macdonald 是社會工作者，也是一位國際公認的演說家，特別關注年齡歧視和女性主義的議題。她是婦女聯盟的成員，曾為「波斯灣戰爭」（The Gulf War）的辯論提出婦女的觀點。在當時，她是反抗和談論年齡歧視的「孤獨聲音」（lone voice）。1985 年，Macdonald 在全國婦女研究會議上發表演講，指出年齡歧視是重要的女性主義問題，因為年齡歧視，老年婦女被剝奪了人權，淪為一種刻板印象。

Cynthia Rich 和 Barbara Macdonald 是長年的伴侶和工作夥伴。在 1980 年代，她們曾策畫加利福尼亞小姐選美大賽的抗議活動，並致力於結束南非的種族隔離政策。1987 年，她們加入「西岸老年女同志委員會」（The First West Coast Conference of Old Lesbians），並積極參與休斯頓老年女同志組織。1983 年，Rich 和 Macdonald 合著《眼中之我：老女人、老化和年齡歧視》（*Look Me in the Eye: Old Women, Aging, and Ageism*），從自己年老女同志的親身經驗出發，依循女性主義的角度，對年齡歧視進行了開創性的考察，這本書因而激發了美國「老年女同志變革組織」（Old Lesbians Organizing for Change, OLOC）的形成。

《眼中之我》一書的封面，呈現的是 Barbara 的正面素顏，直接的以老年女同志真實的臉孔呈現在讀者面前，白髮、皺紋刻畫著歲月的痕跡，毫無偽裝、不經修飾，坦然而堅定的展現一位女同志晚年的真實樣貌。她們指出了老年婦女面臨的問題，例如貧窮、年齡造成的身體挑戰，對老年婦女的暴力行為以及健康問題等等，認為年輕的女性主義者沒有充分解決這些問題。

Cynthia Rich（1983）認為任何方法、態度的改變都需要從學術界開始，都需要一個理論基礎。1970、80 年代掀起婦女運動的女性將大量進入老年，她們可以有所作為，但她們所遇到的問題沒有理論分析，沒有基礎。如果沒有婦女研究能夠為她們提供理論基礎，女性不知道如何思考她們的高齡化和組織工作。因此 Cynthia Rich 主張學界應該出來引導行動，並對如何處理這些問題，提供分析的理論基礎。

整體而言，她們主要的論述和主張大致可分成以下幾點：

一、「老女人」的不可見

Cynthia Rich 認為在年齡和性別的雙重歧視下，老女人有兩層是看不見的，一層看不見是因為她們老了，另一層看不見是因為她們是女人，而黑人老婦更是第三層的看不見。在〈年齡歧視與美的政治學〉（Ageism and the Politics of Beauty）（Rich, 1983）一文中，Cynthia 認為在一個權力由男性界定，婦女卻無能為力的社會中，女人的老總被視為是醜陋且非自然。

Cynthia Rich 提到一位四十多歲的白人女性新聞播音員的不平之語，她對正在慶祝他六十歲生日的體育節目男性播音員說：「女性真正對男人的不滿是，隨著年齡的增長，你會變得越來越有吸引力。但是，一個女人和男人年紀一樣，或外貌上看起來一樣老，就會變得很醜、很醜、很醜。」

Cynthia Rich 說，老化對女性是一種特殊的恥辱。她指出，當我們的子宮不再為生殖做好準備，當我們的陰道不再緊縮，當我們不再為男人服務，我們就變成不自然和醜陋。用醫學的術語來說，我們就是「廢物」，用街頭的話說，我們都是「老古董」，在梵語中，「寡婦」的意思即是「空」。即使在身邊，很多人仍然視而不見。

在〈老化、年齡歧視與女性主義的迴避〉（Aging, Ageism and Feminist Avoidance）文中，Cynthia Rich 說，年輕人常將老

年人強烈的信念，或對無法忍受生活狀況的抗議，視為一種有趣的過度反應，看成是一種流浪漢和老年人常見的性格缺陷。他們總認為老年人的抗議，不是對外部威脅的具體、合法的回應，它是一種任意的古怪，有時令人討厭，有時感到有趣，卻永遠不會被認真對待。

Cynthia Rich 認為老年婦女的世界是如此危險、邊緣和不穩定。她的憤怒被否認、被馴服、被麻醉、被幼稚化、被瑣事化。然而，一個老婦人的憤怒是一種非凡的勇敢行為，是一種拒絕接受她的從屬地位的反抗行為。她拒絕那些神話的二元對立，年輕／年老、光明／黑暗、生命／死亡、他人／自我、公主／女巫，好母親／惡母親。她說，如果我們仍然害怕老巫婆，害怕自己可怕的母親，或者如果疏遠了這個世界上真正的老婦人，我們就聽不清她們聲音。因為，不是惡女巫把「萵苣姑娘」關在她的高塔裡，而是王子和我們分裂的自我。

Barbara 在〈慈悲的剝削〉（Exploitation by Compassion）指出。現在有許多公司、企業、製藥廠、護理機構、養老院，都通過積極促進對女性老化的恐懼和厭惡，藉此來獲取利潤。如今，30 多歲的人對自己的第一個皺紋感到恐懼，而讓年輕女性覺得我72 歲的身體醜陋不堪，已成為一項主要產業。

Barbara 也指出年齡歧視剝奪了所有婦女的權能，不僅藉由將年輕人與老年人分開，而且隨著婦女老化的門檻不斷降低，在婦女的生活中，灌輸年齡的早期恐懼感。她曾寫信給女性主義期刊編輯、哲學家、電影製片人、人權運動家，堅稱她們應對老年

婦女的客體化負責。她認為，消除這種恐懼的唯一方法，是消除極端年齡的烙印。

二、被遺忘的老婦人

對 Barbara 而言，女人的老是一種被遺忘、被排除的過程。其中感受最深的是被年輕女同志的忽視、拒絕與剝削。在〈妳還記得我嗎？〉（Do You Remember Me?）一文中，她非常細膩、非常有感覺的描述這種失落、沮喪，以及自我分離的心情。

她發現在女同志的核心會議，她總是最老的女人。她覺得在這些與會的年輕女人的腦袋裡，沒有適合她的位置，她不知道自己是為了什麼而來，因為她這個年紀的女人沒有半個人來，而她已經接近了海報上大多數女人的年齡。她知道，在年輕女性的眼中，她已經死了，躺在海報上。

她離開哈佛廣場，沿著劍橋街走到英曼廣場，一個小型婦女社區。這裡有一家書店 New Words，一個關於女性主義、女同志、婦女歷史的文學書店。裡頭隨便一本書都可證實她曾經是什麼樣的人。但 50 歲以上的女人，很少進這地方，每次去，她都是那裡年紀最老的女人。

她一直想知道其他人在哪裡。1950 年代一起喝啤酒的朋友在哪裡？ 1930 和 1940 年代一起睡過覺的年輕女人在哪裡？她們從未變老嗎？她們從未和她一起變老嗎？她在絕望中走到街上，在某個公共汽車站或某些自助洗衣店裡找到一個與她同齡的女人，

問她：「你還記得我嗎？記得我們在西雅圖的酒吧裡一起喝啤酒嗎？我們是否一起睡過呢？」但是她的眼裡，似乎並沒有認出她的樣子。

Barbara 也描述自我分離的感覺：我的手很大，我的手背開始顯示出老化的褐色斑點。最近有時抱著我的胳膊躺在床上看書，或者抱著我愛人的脖子躺在床上，我看到我的胳膊上的皮膚鬆弛地垂在我的前臂上，不敢相信它真的是我自己的，它似乎和我斷開了聯繫；它是別人的，是一個老婦人的手臂。而這種分離，很容易導致自我的否認。

三、年輕女性主義者對老女人的排斥

Cynthia Rich 指出作為 1960 年代和 1970 年代活躍的女同志女性主義者，看到年輕的女同志輕描淡寫地談論她們，認為她們無趣、盲目、憎恨、無性，害怕成為女性，使自己變得醜陋。卻完全忽略了她們曾經所做的、所寫的、所說的。Rich 感到憤慨的是，年輕的女同志有時似乎以為她們的生活是自己創造的，好像以前什麼事都沒有發生一樣。當然，這些年輕的女同志是年齡歧視者，就像她們經常是種族主義者、外貌主義者、未覺醒者等等。

對於年輕女性主義者的拒斥，Barbara 的感受特別深刻。1978 年，當她在新英格蘭參加遊行時，一開始落在隊伍後頭。遊行的指揮問了她的年齡後告訴她，因為無法跟上，才將她轉移到另一個隊伍，而她當時也只不過四十五歲。這次事件告訴

Barbara，以力量為榮是一種虛假的自豪感，因為隨著年齡的增長，她們變得越來越虛弱。但 Barbara 決定不因身體虛弱而感到羞恥，而是意識到她需要與年齡歧視作戰。

Barbara 是第一個將年齡歧視看成女性主義主要問題的人。她率先指出年輕女性與老年女性的疏遠，年輕女性對老年女性的恐懼，對老年女性身體的厭惡，這是性別歧視消費社會的直接結果。這種社會美化了年輕，致使老年人失去了權力。讓年輕女性誤以為年輕的力量，是由與年長女性之間保持的距離來衡量的。

Barbara（1986）在〈姐妹之外：婦女研究中的年齡歧視〉（Outside the Sisterhood: Ageism in Women's Studies）一文中指出，從婦女運動的浪潮開始，從婦女研究的開始，六十歲以上的人就得到這樣的對待：妳們的「姐妹情誼」並不包括我們，妳們年輕的人把我們看作是男人，把我們看作曾經是女人，但現在不再是女人的女人。妳看不到我們現在的生活，不認同我們的問題。妳剝削我們、消費我們、歧視我們。但最重要的是，妳無視我們。

Barbara 一次又一次看到，並且一次又一次的說出年輕女同志剝削老年婦女的事實。她們來到老年女同志面前，想要獲得口述歷史或論文的材料，但對她們現在的生活卻完全漠不關心。Barbara 認為女人至今仍然是奴隸，而且一旦老了以後就有兩個主人：男人和年輕人。她說，有證據顯示，青年在奴役老年婦女的過程中與父權制聯繫在一起。事實上，過去沒有這些被視為無能為力的老婦，就不會有現在的青年文化。但在女性主義者和女同志社群中，沒有老年婦女，而且全世界的老年婦女均不可見。

四、老女人的力量

　　Barbara 擁抱「老」（old），但拒絕「年長的女人」（older woman）和「長者」（elder）的稱號，不僅因為它們顯然是委婉語，而且因為它們都以年輕作為衡量標準。她把人們對「老」的迴避，看作是對老化感到羞恥的最明顯標誌。這種羞恥是政治上的羞恥，是文化的內化，認為老是醜的、老是無力的、老是終結的。因此，任何人都不可能想要變老。Barbara 認為，如果我們為未來的自己感到羞愧，與未來的自己脫節，與男人一樣厭惡我們每天變成的女人，這是違反自然的。

　　Barbara 認為，年齡歧視使得婦女產生分裂，並且落入老化污名的陷阱。她認為根據婦女的家庭角色來界定婦女，是導致年齡歧視的主要因素。在家庭裡，年長的女性往往被看做是照顧者和母親，而不是獨立的個體。在父權家庭中，母親被定義為青年的僕人。甚至，老年婦女是我們所有人的母親，為所有人服務。Barbara 宣稱，我們不是你的祖母、你的母親、你的姨媽。她堅持認為，只有擺脫這些家庭角色，老人和年輕人才能開始建立誠懇和平等的關係。

　　Barbara 在〈老婦人的力量〉（The Power of the Old Woman）（Rich and Macdonald, 1983: 91）一文中寫道：「在六十九歲的時候，我每天都從外面接受這些訊息，為了生存，我不得不學習如何對週圍所有負面訊息做出反應。我的某些反應使我付出了巨大的代價，而有些反應使我深深地陷入了自己可能從未知曉的疑惑

之中。」她問自己一些真實的問題：「退休後，我將如何生活在社會保障中？自從不再需要著裝去上班，我的後半生都會穿什麼樣的衣服？如果性生活結束了，我會怎麼做？如果我永遠不會再有另一個情人，我將如何獨自生活？」

Barbara 指出，一生中第一次，老婦可以拒絕社會毫無意義的忙碌和自卑，她可以掌控自己的生活。這樣的女人不會做被告知的事情，只會朝著自己的人生方向發展做重要的事情。Barbara 引用女性詩人和小說家 May Sarton 在小說《眼前的我們》（*As We Are Now*）中定義的力量：當所面臨的挑戰不是生活，而是如何死去時，就擁有了力量。這就是她的方向、目的和必要性，這是老女人力量的來源。

小說家 May Sarton 說，她在七十六歲的退休教師 Caro Spencer 身上，學到了生存之道，變得較為從容鎮定，更隨緣，也更懂得惜福。她不知道自己能否變得像她所遇到的某些人那樣充滿勇氣又慈愛，但至少有了好榜樣。May Sarton 說：「我腦中浮現深陷逆境中的勇氣與尊嚴的畫面。我們可以從老人家身上學到很多，她們可以教我們光陰、人際關係與惜福的重要，她們可以教我們怎樣容忍、有耐性，她們可以協助我們全面性地去看自己的痛苦和問題，這就是老女人力量。」

陸、Kathleen Woodward：年齡的展演

Kathleen Woodward 是美國文學家、文化與藝術學家。儘管

她的學位是經濟學和文學，卻是老化研究的先驅之一，也是當今具有性別和年齡意識的少數女性主義者。Woodward 一再提醒和呼籲，老化是女性主義應該關注的問題。變老對我們所有人來說，無論年齡多大都是一個女性主義問題。正如美國聖地牙哥「老年婦女計劃」（The Old Women's Project, San Diego, California）在她們的 T 恤上所寫的：「老年婦女是你們的未來」（Old Women Are Your Future）。

　　1991 年，Kathleen Woodward 出版《老化及其不滿：弗洛伊德和其他小說》（*Aging and Its Discontents: Freud and Other Fictions*），分析老年負面文化意識，如何影響人們對老的看法。她指出就像性別歧視、種族歧視一樣，西方的年齡歧視，是根源於身體差異和社會權力的不同。年齡，就像性別一樣，是一種層級體系。1999 年，Kathleen Woodward 又編著《計算年齡：婦女－身體－世代》（*Figuring Age: Women-Bodies-Generations*），指出老年婦女的不可見性（invisibility），探討女性如何經由文化而老化的問題。Woodward 並且提供實例，分析老年婦女在電視、電影和表演的視覺文化再現，如何受到年輕意象的宰制。

　　Kathleen Woodward 的著作可稱之為「老年心理學文化理論」（gerontological psychological cultural theory），她的分析聚焦在電影、攝影和表演藝術中老年性別的再現。這些著作大多發表於 Kathleen Woodward 四十歲左右，正處於年輕和老年的兩極分化之間。對於許多人而言，正是反思未來的自我發現或自我防禦的集合的起點。Woodward 認為性別和年齡結構的奇觀，是在一

組複雜迴路中相互構成。Woodward（2006）用電影《心的方向》（*About Schmidt*）分析「年輕凝視」是如何發生作用。她認為，我們可以通過清空其他年齡階段和其他性別的舞台，來學習其他的觀看方式。就像 Louise Bourgeois, Rachel Rosenthal, and Nettie Harris 一樣，在她們的表演中，規範性的「年輕-老年的年齡體系」（youth-old age system）和「生理性別－社會性別體系」（sex-gender system）並非表演的架構。藉此，去反思我們所看到的，以及我們所沒有看到的。進一步去思考年長女性的身體是如何展演？年長的女藝人如何表現年齡？如何檢視自己的文化偏見？

一、「外表年輕結構下」老婦人的消失

在藝術作品裡，身體一直成為創作的主題，但 Kathleen Woodward 的研究發現，藝術界的兩大巨著：Susan Suleiman（1986）所編輯的《西方文化中的女性身體》（*The Female Body in Western Culture*）和 Tracey Warr （2000）編輯的《藝術家的身體》（*The Artist's Body*），其中卻看不到老年女性的身體。前者，沒有提及任何一個老年女性身體，而後者，僅提到一個。Woodward 指出， 老年女性在學術和藝術領域的不可見性，令人震驚。 除了殘疾和有關疾病的研究和敘述外，當我們將身體作為文化鑑賞與批評的一個類目時，總隱含一種未經驗證的假設是，只有年輕健康的身體才是身體。

Woodward 在〈展演年齡，展演性別〉（Performing Age,

Performing Gender）一文中，提出「老年、社會性別與外表年輕結構」（old age, gender, and the youthful structure of the look），並指出在大眾媒體社會裡，年齡和性別相互構成一套複雜反饋的迴路，使年長的女性身體產生矛盾的現象：「超可見」（hypervisible）和「不可見」（invisible）。「不可見」是一種忽視，看不到她的存在；「超可見」是一種厭惡，只看到她的醜陋。長久以來，美國視覺文化的期望是從視野中消除老年女性的身體。Woodward 認為美國視覺文化充滿著年齡歧視，相對於我們在銀幕上或照片中看到的老人，我們通常將自己投射成比她年輕，把自己塑造成年輕人，讓作為旁觀者的我們，居住在一個不被批判的位置，Woodward 稱之為「默認的旁觀者」（default spectator），來形容美國青年文化意識形態。

二、年齡作為一種展演

Kathleen Woodward 指出，每一種文化中，年齡和任何其他重要的社會類別一樣，都是按等級組織的。在西方，年輕是衡量價值的標準，是界定老年人的參照點。Woodward 以電影為例，她指出「外表的年輕結構」（the youthful structure of the look）不但是電影的內部動力，這種貶低老年人的文化偏見，也支撐著觀眾與劇中人物的關係。

Woodward（2006）分析《心的方向》（*About Schmidt*）（2002）和《寶琳和寶萊特》（*Pauline & Paulette*）（2001）兩

部電影截然不同的美學基礎。《心的方向》是喜劇和情感的結合，而《寶琳和寶萊特》則採取寫實主義美學，加上童話般的生動色彩。儘管存在這些美學差異，但它們確實為我們區別兩種不同的年齡展演典範。在 Alexander Payne 執導的《心的方向》中，年齡展演主要是一種視覺上的身體效果，其結構是由美國青年－老年體系和傳統男性和女性氣質組成的。從男主角 Schmidt 身上看到的是對老年的嘲弄，而不是模仿。

相反的，在 Lieven Debrauwer 執導的《寶琳和寶萊特》中，則撤離青年和男子的舞台，以便在表演框架內減少年齡和性別階層體系的規範性力量。這部電影是由年長的女人擔綱演出，她們學習照顧他人，並在日常生活的小片段中取樂，使我們能夠以不同的方式看到年長女性的存在。在《寶琳和寶萊特》的影片中，青春和年齡並非不可調和的對立，而是交織在一起。在任何一個年齡階段，隨著年齡的增長，我們身上都包含不同年齡的自我，包括心理年齡、社會年齡、文化年齡、年代年齡和統計年齡。

Woodward（2006）也在〈展演年齡，展演性別〉（Performing Age, Performing Gender） 一 文 中， 透 過 藝 術 家 Louise Bourgeois、 Rachel Rosenthal 和 Nettie Harris 的作品，探索她們如何揭露、批判、顛覆和超越所謂的「外表的年輕結構」。在她們的作品中，老年女性身體被大膽地展演為性別和性行為的展演場所。她們之中，沒有一個會去冒充年輕人，把自己的身體藏在年輕人的偽裝裡。相反，她們公開展示自己的老年身體，以嬉戲、戲劇、華麗、諷刺、沉思的方式，具有自我意識的展演年齡。這

樣的展演是解構和去神秘化的，女性的老化等同於女性氣質和年齡之間不連續性的無畏對抗，在後現代的語意中，身體可以被理解為「暴露產生它的意識形態的話語」。

　　最重要的，Woodward 所要說的是，年長女性有很多選擇，女性不應該放棄希望而不去探索她們所有可能的選擇。就像 Bourgeois 把自己的作品與神秘的蒙娜麗莎（Mona Lisa）的輕盈裝扮在一起，以不同的方式展演年齡，塑造出反映人們對女性在年輕和年老文化期望的兩極分化，並在這一過程中將其轉化，呈現出一個既不是後生殖，又富有創造力的女性身體，從概念、想像、創造、美學、漫畫，以不同的方式展演老化，以一種新的老年女性身體出現在世界舞臺。

三、老年的閹割焦慮

　　Kathleen Woodward（1991）的《老化及其不滿》是從二十世紀西方小說和精神分析的交織視角，研究老化現象。Woodward 認為，精神分析與西方文化的年齡歧視意識形態沆瀣一氣，賦予年輕優於老年的特權，因此年齡就像性別一樣，成為一個結構化的社會等級。在思考有關老化現象時，她參照 Freud 的精神分析及 20 世紀的文學作品，以及日常生活經歷而形成的老年態度，特別是她的祖父母。她分析現代西方文化中 Proust、 Woolf、Mann、 Beckett、Barthes 和 Figes 的作品，對老化的焦慮、恐懼、否認、壓抑，修正了精神分析理論。

　　Woodward 最引人注目的創新是她對老年「鏡像階段」
（mirror stage）的概念，顛覆了 Lacan 的幼年鏡像理論。Lacan
認為，幼童覺得自己的身體不協調、不連貫，但通過在鏡子或
母親的眼睛中，感知自己的形象，就會產生一種整體的幻覺。
Woodward 則假設，到了老年，這一過程恰好相反。老年人覺得
過去的自己是完整的、統一的、一致的，但從鏡子裡看到的卻是
皺紋和衰退。因此，在老年，整體被認為是內在的，而不是外在
的。老年人越來越把他們認為的「真實的自我」，從他們的身體
中分離出來，因此他們自己的老年對他們來說似乎是陌生的和不
可思議。

　　在 Freud 的精神分析中，身體是最重要的。著名的《自我與
本我》（*The Ego and the Id*）（1923）中，自我是首先是一個肉
體的自我，自我可以被視為身體表面的心理投射。自我在嬰兒時
期就形成了，身體的表面被想像成光滑的。因此在 Freud 的論述
中，老化的身體將是變形的標誌，意味著自我的自戀創傷。受傷
的自戀變成了對自己或他人的攻擊，但 Woodward 認為在老年階
段，自戀也有正面的可能性，轉變為對年輕人的認同和善意。

　　Kathleen Woodward 認為 Freud 的精神分析學，以及許多關
於老化的文學小說，都植根於西方文化的老年歧視意識形態。
Woodward 指出，《老化及其不滿》是為回應《文明及其不滿》
（*Civilization and its discontents*）（1930），老年是我們文明的
不滿之一。Freud 的精神分析以發現嬰兒的「閹割焦慮」和「戀
母情結」（Oedipus complex）而著稱，這是一種童年理論。「閹

割焦慮」是一種終身的影響，從被其戀母情結控制的孩子一直到老年。Lacan 認為「閹割焦慮」就像貫穿發展各個階段的一根線，男孩通過認同父親來避免閹割和與父親的衝突。「閹割焦慮」可以概括為害怕失去，像他父親一樣，失去身體的吸引力，頭髮、牙齒，還有其他很多東西，最終失去生命本身。精神分析學源於精神官能症，以焦慮、恐懼、否定、壓抑和不成熟作為心理的反應。將衰老或年邁的父母確認為一種閹割，並將衰老作為接受我們命運的條件。Woodward 認為老化的人格發揮了心理防禦作用，試圖使自己免於遭受難以忍受真相的傷害。因此，對老年的拒絕，排斥，是源自於童年時期的「閹割焦慮」，一種普遍的、永恆的閹割。

柒、Margaret Gullette：老年敘事的翻轉

　　Margaret Morganroth Gullette（1941-）是位文化評論家，是美國麻薩諸塞州 Brandeis 大學婦女研究中心的駐校學者，她自稱是年齡評論和理論家，長年致力於年齡的文化研究。已故英國文化老年學專家 Mike Hepworth（1957-2012）將她譽為美國關於老化的社會建構和生命歷程的一系列越來越有影響力的出版物的作者（Hepworth, 1999）。在老年的研究中，Gullette 是生物本質主義（biological essentialism）的強烈批評者，是社會建構論（social constructionism）的捍衛者，以及中老年年齡歧視（middle ageism）的反對者。

Gullette 也被稱為老年學少數公共知識分子之一（Cole and Ray, 2010: 8）。1993 年，Gullette 首創「年齡研究」（age studies）一詞以取代「老化研究」（aging studies），成為現代語言協會和人文學科所使用的專門術語。Gullette 認為作為一個形容詞，「老化」（aging ）總是帶有貶義的味道。它可能意味著老舊、無趣或惡化，需要修理、拆除和更換，隱喻性的表達物體的直線性和不可替代的衰退。在「年齡研究」中，她使用的是中性的「人口的年齡分佈」（age distribution of the population），而不是誤導性的「人口老化」（population aging）。她認為「人口老化」把人口狀況歸咎於一群無辜的人，並且帶有一種醜陋的暗示，即老年人口少的國家問題會比較少。

她致力於改變一般人對老化和年齡歧視的看法，主要論點是，我們因文化而老（we are aged by culture），因此，年齡研究是一種文化研究。她指出，隨著年齡的增長，我們所經歷的並不是生物老化的必然，而是社會和文化上的偶然。Gullette 認為，不管身體發生了怎樣的變化，人類首先是被文化催老的。Gullette 認為，讓人因為年老而感到羞恥是一種暴力。許多人因年老而感到羞愧，Gullette （1997: 120）說：「這不是你固有的，你正遭受著別人強加給你的影響；這是他們的蔑視，正是他們的輕蔑才使你感到羞恥。」

她反對年齡研究中過分的性別區別，她用「年齡自傳」（age autobiography ）來探討退化／進步二元對立的文化敘事，以及她所定義的「年齡社會化」（ age socialization ），試圖替代老年思

考中被過分強調的性別偏差。她認為老年性別不分與生活的「無角色狀態」（rolelessness），在一定程度上會帶來老年危機感，老年生活無角色狀態對男人來說是一個嚴重問題，對女人來說是一個更大危機，而且開始得更早。Gullette 指出老年文化中的「性別模糊」（unisex blur）現象，遠不止是女性，男性也在與更年輕的男性競爭，物化青春、購買青春。Gullette 因而結論說，年齡凌駕於性別之上。

Gullette 認為現代社會的年齡歧視勢力變得越來越強大，並且比以往任何時候都更容易影響年輕人。Gullette（2017）在《終結年齡歧視，或如何不射殺老人》（*Ending Ageism, or How Not to Shoot Old People*）一書中指出，年齡歧視仍然是最頑固、最令人困惑的自然主義。其中原因之一是，有越來越多人需要利用年齡歧視來謀取龐大的利益。她稱透過製造人們老化恐懼賺錢的行業為醜化（uglification）行業，包括時尚雜誌、肖像攝影等等。這些行業試圖使人們相信，隨著年齡的增長，他們需要外貌方面的幫助，從染髮劑到肉毒桿菌，到外科手術等。資本主義的醜化工業，不斷向我們推銷產品和服務的廣告，讓年輕人更早產生老年焦慮，激起對「初老」的恐懼，就等於培養更多的潛在客戶。

一、打破「進步敘事」與「衰退敘事」的二元對立

Gullette（2011）聲稱敘事可以影響個人和社會的變化。在《老年智慧》（*Agewise*）一書中，Gullette 的前提是老化過程本

身是一種受生理、生活經驗和社會影響的敘事，她闡述故事和講故事能改變生活的本質，並探討圍繞老化和年齡的文化神話和偏見。Gullette 認為年齡和老化的意義在很大程度上，是通過我們從很小的時候，就開始被灌輸到我們頭腦中的敘事概念的道德和心理的含義和啟示而建構。Gullette 指出，西方文化普遍存在的年齡歧視，常常被編碼成一種敘事結構的方式，這種敘事結構將老年與不可避免的退化和衰弱聯繫在一起。長久以來，我們文化上的年齡敘事，就變成了我們生活上的虛擬實境。

　　在西方小說裡，總是敘說著年輕的「進步敘事」（progress narrative），從童年開始隨著年齡的成長，書寫的是英雄或英雌的誕生，她／他們健康、富有、聰明，直到中年的巔峰。中年以後，「衰退敘事」（decline narrative）則是描寫一種退化、失能、缺乏希望的老年敘述，將生命壓縮成一個僵化的、生物的、個體的弧線。

　　文化的主流敘事總是將老化描繪成非歷史性的、非文化性的，以及普遍性的，藉由身心健全與否（ablebodiedness）、階級、性別、種族，和其他影響每一個人邊緣化的機制，將老年寫成「衰退敘事」。Gullette 指出，不管「進步敘事」或「衰退敘事」都不可避免地掩蓋了真實的經驗。她強調我們必須突破應用於兒童和年輕人的「進步敘事」與應用於中老年的「衰退敘事」（decline narrative）之間的二元對立。從單一的「衰退主敘事」（master narrative of decline）發展到「混搭自我」或「多模組自我」（the portmanteau self）的多元敘事。

　　Gullette 認為，年齡的敘事不可能有單一的、不變的、普遍的、非歷史的意義。「衰退的主敘事」（master narrative of decline）描寫的是經由線性軌跡的單一自我，而「混搭自我」或「多模組自我」則是一個積極的老化概念，作為自我敘事的經驗，一個有意識的、持續的關於一個人年齡認同的故事（Gullette, 2011:220）。老年人的生理喪失並不主導這些敘事，相反的，愛、幽默、仁慈、同情和感恩這些人類情感的最高境界，才是生命敘事的主要構成元素。

　　Gullette 將「正向老化」（positive aging）和「進步」（progress）區分開來，「正向老化」通常忽略了文化的影響，而「進步」則是因為這些限制性力量而看到前進的步伐。一個進步的敘述通過過去投射出一個自我的動人形象，並向更美好的未來前進，但不是天真或不切實際的方式。她認為不要讓正向的老化力量強加給你一個進步的敘事，但也不要讓負面的文化力量強加給你一個衰退的敘事，關鍵是要創造一個能支撐而不是耗盡你繼續朝向未知的未來前進的動力的生活故事。

二、「年齡自傳」：從被說到自說的位置轉換

　　在《老年智慧：與新的年齡歧視作鬥爭》一書中， Margaret Gullette（2011）探索圍繞著老化和老年人所產生的文化杜撰和偏見，闡述故事和敘事對改變老年人生活的重大意義。她認為老

化過程本來就是一種敘事，這種敘事受到生理機能、生活經歷和社會因素的影響。反擊年齡歧視的關鍵是如何以肯定老化的方式建構新的生命敘事。其中，Gullette 的「年齡自傳」（age autobiography）是一個相當重要的主體反思工具，通過用老年人自己敘說的故事，來挑戰主流文化中的老年敘事和刻板印象（Gullette, 2011: 220）。

Gullette 對主流媒體傳播關於女性老化身體的「常識」提出了女性主義的批判。在她的「荷爾蒙懷舊」（Hormone Nostalgia）一章中，她認為更年期絕不應該成為一個故事，因為在 90％的女性生活中更年期並不重要。像大多數與年齡有關的經歷一樣，更年期是一種生物文化現象，但是媒體遵循傳統醫學，主要將其視為一種生物現象。對於 Gullette 來說，更年期普遍是一種虛假的衰退敘事（Gullette, 2011: 88）。

Gullette 指出，歷史上曾經有那麼一個時期，我們的心理還沒有被「醫學化」，記憶衰退沒有被心理學家視為一種失敗，也不是什麼人格和道德問題。而現在，心理已經被化約為神經的概念。對於老年人來說，心理這個概念更是被化約為記憶力。Gullette 提醒我們：記憶僅僅是心理的一個方面，而且在自我意識中並不是最重要。Gullette 為克服「健忘的恐懼」（the terror of forgetfulness）提供了具體的解決方案：使用不同的語言來指代記憶問題，並建議用「認知障礙」（cognitive impairments）一詞來表示某些能力的喪失，而不是無所不包的「失智症」（dementia）。

　　「年齡自傳」具有揭示性的歷史／文化批判意味，以取代文化敘事中的老化意義。「年齡自傳」反對由局外人來談論自我的故事，主張用自己的話語來自我構成。當我們變得不可見的時候，自我敘事變成最有力的工具。這種涉及年齡與老化素樸的自我描述，是一種「年齡意識」（age consciousness）的具體表現，重要的是改變文化上的日常生活敘事。

　　Gullette 在《老年智慧》裡指出，年齡上是一種力量，或是一種局限，取決於你的觀點。但是，對晚年生活的無知是一種社會流行病，無論是慢性的還是急性的。它埋葬了我們美好的感情，阻礙我們的智慧，麻痺我們的政治身體（Gullette, 2011: 39）。

　　Gullette 邀請我們重新想像關於性老化的故事中的進步含義，藉此思考貫穿生命歷程的性。她認為與其把晚年的性行為和年輕人受到荷爾蒙刺激的性行為之間做負面的比較，不如從生命歷程的角度來思考。對女性來說，與晚年的性生活相比，年輕人那種「啟動機的性」（starter sex）並非美好。因為晚年的性生活沒有對意外懷孕的恐懼，往往伴隨著更大的自尊和對自己欲望和反應的瞭解。

捌、Germaine Greer：老女人的解放力量

　　Germaine Greer（1939-）是澳洲知名作家和公共知識分子，被認為是二十世紀後半葉第二波女性主義運動的主要代表人物之一。Greer 專攻英語和婦女文學，曾在英國 Warwick 大學和劍橋

大學 Newnham 學院任職。1970 年出版《女太監》（*The Female Eunuch*）一書，使她成為家喻戶曉的女性主義作家，但也引起很大爭論。該書對女性和女性氣質等觀念進行系統性的解構，認為女性長期禁錮於傳統思想的牢籠中，在父權社會的意識下，並在消費市場和浪漫愛情的雙重推力下成為一名「被閹割」的人，因而逐漸喪失原有的活力。她提議將活力重新分配，不再用來壓抑自我，而是要分配給慾望、活動和創造。性不再是男／女、掌權者／無權者、主人／僕人、有性者／無性者之間的買賣，而是有能力、和善、溫柔的人，相互之間的一種溝通方式。

Greer 是一個主張婦女解放（liberation）而不是只追求平等的女性主義者（equality feminist），她認為女人的目標不是與男人平等，認為這是同化和同意過不自由男人的生活。她在《完整的女人》（*The Whole Woman*）（2000）一書中寫道，女性解放並非從男性的角度來看待女性的潛力，相反的，她認為解放是一種強調差異的主張，是自我定義和自我決定的條件。作為世界上最具有標誌性的女性主義者之一，Greer 一直扮演挑釁者的角色，包括對女性主義者的批判在內，讓許多人對她感到愛恨交加。

2015 年，七十六歲的 Germaine Greer 在雪梨歌劇院舉辦的紀念國際婦女節會議中，重力批判現代女性主義的年齡歧視。Germaine Greer 說，女性主義和大眾媒體一樣，都有年齡歧視的傾向，只關注育齡女性在人際關係中的地位，而排斥兒童和老人。她提出「給我成長的權利，讓我變老」（Give me the right to grow up, let me age）。她說，女性主義的議題大都將焦點集中

在生育年齡的年輕女性身上，年長的婦女在我們的社會中是不受尊重的。

Greer 是多產作家，一共寫了二十多本書，除了《女太監》外，還包括《性與命運》（*Sex and Destiny*）（1984）、《改變：女人、老化與更年期》（*The Change: Women, Aging and the Menopause*）（1991）、《完整的女人》（*The Whole Woman*）（1999）和《莎士比亞的妻子》（*Shakespeare's Wife*）（2007）等等。除了她的學術工作和積極性的婦女運動外，她還是《星期日泰晤士報》（*The Sunday Times*）、《衛報》（*The Guardian*）、《每日電訊報》（*The Daily Telegraph*）、《旁觀者》（*The Spectator*）、《獨立報》（*The Independent*）和《老人》（*The Oldie*）等雜誌的多產專欄作家。

其中，《改變》是 Greer 最具老年意識的作品，與《女太監》（1970）一樣，都可稱為女性主義經典之作。《改變》是 Greer 在 52 歲時的著作，談的是女性「更年期」（menopause）的病理化和污名化問題。Greer 喜歡以 climacteric 一詞取代 menopause，意味著女性生命的轉變、風暴或危機的關鍵時期。她翻閱了歷史記載、回憶錄、路易十四朝廷的信件，以及一些晦澀難懂的古老醫學教科書、人類學叢書、小說和詩歌，從古至今的論述女性所面對和體驗的這個巨大而複雜的事件。

Greer 認為將女人更年期病理化，模糊了女人的不滿和憂鬱，其實是來自她不自主的一生，所累積下來無可化解的龐大壓力。如果女人可以獲得權力、地位和責任時，更年期就不會讓她們感

到太痛苦（Greer, 1991: 87）。她認為更年期是女人盤點存貨的時間，是心理和生理同時改變的時候。許多女人在更年期時才發現她們的生活一直是在投降，甚少有人為她們著想，或以她們的利益為出發點。女人也是首次發現，她們事實上是貧窮、依賴、不安全和寂寞的人，而且背負許多不必要的罪惡感（Greer, 1991: 11）。

　　Greer 說更年期是進入「死亡的前廳」（the antechamber of death），但是，即使意識到夏天已經過去，日子越來越短、生命越來越淒涼，一個人也可以超越病態的專注，進入更深刻、更有意義的生命時段。她認為，只有在更年期的壓力結束後，老年婦女才能意識到秋天比夏天漫長、金黃、柔和、溫暖，是一年四季中最有生產力的季節。更年期更意味著一種希望，不是希望永保青春，而是用思想和意念，去超越自我和自憐的束縛。

　　Greer 正視更年期的目的在於獲得鎮靜和力量。她認為老女人的愛不是自戀，也不是在愛人的眼中尋找自己的影子，更不是為需要而腐敗，而是一種非常安靜、深邃、溫馨和溫柔感，換言之，就是一種悲天憫人的情懷。Greer 說，更年期是一種解放，讓女人從激情中解脫出來，去體驗真正的柔情，去感覺真正的溫暖，而非別有用心。她告訴更年期的女性，她們應該感到高興。因為她們現在終於擺脫了作為性對象的屈辱地位，終於可以理直氣壯地宣布，步入更年期，她們不再想要性生活了，她們也不再需要故作性感地裝扮自己。

一、反對男性中心的思維

Greer 認為消除更年期的運動是由男人發起的，他們認為更年期是一種災難。但是，她認為跟所有的科學和價值一樣，對女人心理的看法，至今仍然出於男性的角度。男人無可避免的往往會自說自話，並且採取對他們有利的觀點。Greer 引用 Delius 的說法：到目前為止，女性心理學事實上代表的是男人慾望和失望的沉積物（Greer, 1991: 25）。

Greer 認為一些男性專家，為了表示對那些因更年期而陷入絕境婦女的同情，他們表現了騎士精神，至於消滅更年期，好讓老女人免於恐懼，好讓所有的女人一直維持秀色可餐的姿容，以滿足男人從青春到墳墓間的需求，好把可怕的老女人從地球表面徹底消滅（Greer, 1991: 9）。

男性將更年期視為一種疾病，另外一種可能性是，男性出於內心深處對女人的歧視，因而表現出一種心態：女人沒有男人的幫助，無法處理她們自己的生命。因此，如果女人經常去適應男人的希望，以為是自己的本性，那就是服膺於男性價值的思維（Greer, 1991: 27）。

二、揭露西方文化的年齡歧視

Greer 指出，老女人的寂寞和脆弱，是西方世界在長達幾世紀摧毀母權的結果，她放棄的不只是對子孫繁衍的支配，還有家

族的政治地位（Greer, 1991: 84）。Greer 直言，在一個崇拜「老男人」而輕視「老女人」的西方文化體系中，一過中年，女人就成為可憐、乾癟、沒有性欲的老太婆。她不平的說：「那些 50歲的男人可以挑選任何年齡的女人，而現在，我們卻結束了，他們甚至不看我們一眼。」Greer 描述：「無情的陽光在我們 50 歲的臉上，顯示出每一個凹陷、每一個皺褶、每一個藍色的陰影、每一顆痣、每一個雀斑、每一個藍色的陰影。當我們向侍者招手時，他似乎沒看見我們。」（Greer, 1991: 25）

Greer 指出，年輕對年老的敵意，可以在所有女性發展的過程中看得到。她說，在一個十二歲女孩的眼中，一個愚蠢的母狗就是一頭愚蠢的老母狗，即使她還不到三十歲；雖然人們會因為年紀而增長見識，並累積出令人喜歡的個性，但老女人排除在外（Greer, 1991: 284）。Greer 說，在這個社會做一個年長的女人是非常困難的，而偽裝卻是一種可悲的自欺欺人行為。她寫道：「沒有任何跡象顯示，五十歲時感到疲倦和幻滅可能是適當的反應，但讓自己相信自己是快樂和滿足，可能是自欺欺人到了精神錯亂的地步。」（Greer, 1991: 123）。

Greer 指出，在許多文學作品中，幾乎所有的老女人都是巫婆。Greer 認為巫婆的存在有幾個原因：其一，對於那些無法解釋的不孕、生病和死亡而言，女巫是有其必要的，因為總得有人來做替罪羔羊，而且這種人一定要沒有同盟，而且可以犧牲的；其二，巫婆是將女性的權力罪惡化，不信任女人的知識，目的是腐蝕和消除母親的權利；其三，當父系社會演進時，女人權力沒

落後，她們只有依賴想像的權力，發明一些假想的解毒劑、施展
咒語和下毒，相信自己具有這種玄妙的力量，來對付有權壓迫她
們的人。巫術產生真正權力是，老女人可以不必再扮演一個溫馴
服從的賢妻良母，而且拒絕流行的道德和社會秩序。所以，女
巫的角色，代表的是老女人被邊緣化所採取的抗議策略（Greer,
1991: 323）。

三、強調老女人的解放力量

Greer 認為老化讓一個女人走出自我的牢籠，走出「全能和
完美的幻覺」（illusions of omnipotence and perfectability），走
出一個晴朗的日子，突然看到精采的「雲朵沸騰」（boil-up of
cloud）和「番紅花從雪地冒出」。她建議中年婦女從不可見狀態
中得到一個暗示，最終擺脫對取悅他人的渴望，擺脫對自己皮膚、
嘴唇、胸部和臀部無盡的癡迷，接受生活的戲劇化，因而熱切渴
望、著迷。只有當一個女人停止為美麗而煩惱掙扎時，她才能將
目光轉向外面，找到光亮並以此為榮（Greer, 1991: 362）。

Greer 認為，更年期的悲傷雖然影響每個女人，但只有在更
年期壓力過去後，老女人才會發現秋天是可長可久，是金色的，
它比夏天來得溫和，是一年中最好的時光。如果女人受到一種頌
揚青春的大眾文化擺佈，並花費鉅資試圖將自己塑造成年輕身體
的可怕仿製品時，她們克服不可見衝擊的機會，會比以往任何時
候都少。Greer 說，在某種程度上，妳必須考慮一個事實：無論

妳花多少錢，妳看起來都很老。她說，試圖用短裙和鮮豔的染料，讓自己看起來年輕的老女人，不僅沒有感覺，而且令人心碎。當一個女人停止為美麗而做無謂的奮鬥時，她才能將目光轉向外界，找到美麗並得到滿足。Greer 說，如果別人把妳看成老太婆，妳最好做個一流的老太婆（Greer, 1991: 354）。

社會往往把拒絕奉承陰莖的女人，當成破棉絮、老口袋、老太婆、岳母、被閹的女人等等（Greer, 1991: 12）。雖然老女人令人生厭，遭到排斥，但 Greer 主張，她大可不必這麼忍氣吞聲，因為超過五十歲的女人，已成為西方世界人口結構中最大的族群之一。只要她們看自己順眼，她們已經不再是被壓迫的少數（Greer, 1991: 11）。Greer 認為，人類的愛，不需依賴交配或高潮。人類可以用各種方法來滿足性和維持性關係，而且最偉大的愛可以跨越距離，甚至死亡。

玖、Lynne Segal：老處於時間盡頭，也處於時間之外

Lynne Segal（1944-）是出生在澳洲的英國社會主義女性主義學者和活動家，她相當積極的參加當地社區和國際社會的許多運動。1970 年，Segal 到倫敦後，立即參與伊斯靈頓的左翼政治活動，並協助建立「伊斯靈頓婦女中心」（The Islington Women's Centre）。她生活在一個共同組成的家庭裡，與其他母親一起撫養孩子。

　　Segal 堅定女性主義的信念：個人就是政治（The personal is political），但她並不主張對立、鬥爭的路線，提倡包容、談判和結盟，希望消除性別、階級或世代的分離和僵化意識形態的界限劃分。從一開始，她就勇敢的質疑對性別的簡單假設，或陳舊口號式的定型觀念，無論是給男人貼上暴力的標籤，還是將女人化約為慈祥的母親，並且強調了家庭和政治生活中變革和進步的可能性。

　　Segal 在 1987 年撰寫了第一本著作《未來的女性？當代女性主義的困惑思考》（*Is the Future Female? Troubled Thoughts on Contemporary Feminism*），挑戰當時女性主義所提出「女人優越性」的神話，無論是強調女性的內在美德，還是指責男性不可避免的貪婪。1990 年，她接著又出版《慢動作：改變男性氣質、改變男人》（*Slow Motion: Changing Masculinities, Changing Men*），以新的角度來看待男人生命的本質和經驗，重點在於特定男性氣質的分析，包括硬漢、敢曝（camp）、同志、黑人男子氣概（black-macho）和反性別歧視男性的形象和角色，從中探討各種男性認同的複雜性和矛盾性，並且論述性別政治的意涵。

　　2007 年，在《製造麻煩：生活與政治》（*Making Trouble: Life and Politics*）一書中，Segal 指出，儘管新女性主義者虛張聲勢，但她們經常有不確定感並缺乏安全感。Segal 反對女性主義從一開始就一直跟男人糾纏在一起，認為女性主義者往往需要面對女性氣質的普遍否定，但是女性的問題既不能簡單的化約為與男性的鬥爭，也不能僅僅通過重建女性氣質來解決。Segal 主

張建立一種更具包容性的左派女性主義，建立一個更具同情心和平等主義的世界。

在《製造麻煩》書中，Segal 的年齡意識開始萌芽，Segal（2007: 57）將自己描述為「一個不情願變老的女人」（a reluctantly ageing woman）（Segal, 2007: 57），並思考了女性主義老年性別政治的必要性。2013 年出版的《時間之外：老化的愉悅和危險》（*Out of Time: The Pleasures and the Perils of Ageing*）則是 Lynne Segal 對年齡研究的第一本著作。本書專注於老化心理和政治的層面，以及老年生活的可能性和障礙。Segal 除了從酷兒研究（queer studies）的角度對老化心理生活進行探討之外，也對自己與第二、第三波女性主義之間基於年齡的關係進行坦率的反思。她探討自己對變老的恐懼和偏見，並且指出這一代政治激進分子和性革命者，雖然極力反對許多歧視，但卻對年齡歧視視而不見。這些人隨著年齡的增長，變得消極、厭惡自我，甚至感到絕望。

《時間之外》從精神分析、文學、政治、新聞、訪談和回憶錄的「不同證人」身上，進行年齡相關的研究，既不哀嘆也不慶賀晚年，強調它是生命的重要組成部分。就像性別研究研究性別一樣，她強調自己從事的是「年齡研究」（age study），研究年齡在人類生命中所造成的影響。Segal 從 de Beauvoir 的著作，來反思自己的年齡盲點。她對有些女性主義者試圖消除老年婦女的聲音、生活和象徵性存在，持續的提出嚴厲批評。

Segal 一直以她的政治、女性主義、個人生活，以及對文學

藝術的熱愛和幽默感來看待老化，並且也轉向精神分析來尋找晚年生命的可能性。Segal 指出，Freud 很少談到老年的無意識，他本人懼怕年老，宣稱超過 50 歲的人不適合進行心理分析，並且認為老人不具可教性，他為自己的未來感到遺憾，因為死亡召喚著他，每天都感受它的威脅。但是， Segal 質問，我們能否將 Freud 關於老年的恐怖形象，視為一種保護和安慰而不是威脅？

一、老處於時間盡頭，也處於時間之外

Segal 認為老年人既在時間之外，又在時間盡頭，他／她們通過憤怒、行動、依戀和藝術等永恆事物來尋求生命的意義。Segal 認為，我們可以將年齡理解為一種不斷變化的狀態，在這種狀態下，我們可以進入過去的所有自我。這種多重視角，可以使我們感覺自己像是「時間的旅人」（time-travelers），心理上讓我們處於所有年齡和沒有年齡（all ages and no age）的階段。

Segal 認為，我們對老的否認往往來自於某種的「時間的眩暈」（temporal vertigo），以至於否定自己的過往。她認為在精神上的奇異之旅，我們很容易在同一時間卻進到不同年齡階段，也就是處於「所有年齡和無年齡」的狀態，就像精神分析家 Donald Winnicott 所描繪的「無意識的無時間感」（the timelessness of the unconscious）。人類的時間感不是天生的，而是學來的。因此，在某種知覺或意識下，我們可以跨越時間，在精神的斷續之中，回到童年、青年或中年，成為「時間的旅人」。

二、老是一個過程，不是固定的身分

　　Segal 認為，老化是一個過程，是一個程度的問題，而不是一個固定的身份。在對實際老化的否定中，企求「不老」（agelessness）在某種意義上是對個人生命和老年集體的拒絕。Segal 宣稱，承認而不是否認老年的依賴性，可以增強公共和更多私人領域在整個生命過程中的包容性。一個人在什麼時候才會不再對鏡中那張佈滿皺紋、花栗鼠的臉感到驚訝，而開始自我反省，肯定是老化的好處之一。Segal 認為，一方面，隨著時間流逝，我們會有一種持續的自由感；另一方面，隨著年齡的增長，我們很難忽視自己所處的不同位置，不管有什麼誘惑。

　　Segal 指出，作為一個老年人，尤其是作為一個老婦人，現身是不容易的。老被認為是一種侮辱，或者至少是不受歡迎的自我描述。我們一直否認自己老了，承認老在某種程度上是丟臉的，帶著更多的恥辱。做瑜伽、練「皮拉提斯」、吃綠色蔬菜，我們確實可以保持健康，但不會保持年輕。儘管這是一種令人愉快的安慰，但它也有自己對老的否認和貶抑。她認為，真正重要的是既不是老化的社會學，也不是老化的生物學，而是關於自我的敘述。我們告訴自己的故事，如何隨年齡增長而改變。歸根究柢，隨著年齡的增長，核心問題仍然是我們如何生活？然而，悲劇可能是，沒有一個人願意真正的去傾聽老人的聲音，特別是對於那些沒有資源的人，因而更增加他們的依賴性。

三、老年對青春期陽具偏執的轉變和擺脫

性與慾，一直是老年階段一個神秘、曖昧的領域。Segal（2013: 89）指出目前盛行的異性戀論述，尤其是陽具性行為的宰制觀點，造成了老年性潛力的扁平化。Segal 告誡不要將諸如性征服和慾望性之類，以年輕人為中心的行為模式，等同於老年的性生活。她認為貪婪的男性吹牛者和女性菁英的獨身者，都沒有呈現出真實或令人滿意的老年性生活。

Segal 引用一個年輕女性主義者學者 Linn Sandberg 所蒐集的數據，討論男性氣質、性和具體表現。Sandberg 採訪了 22 名年齡在 70 歲以上的異性戀男人，並以日記做為佐證。在訪談和日記中，男人在與妻子或伴侶的性經歷中，強調了親密感和觸摸感的重要性。他們沒有報告性慾的減弱，但是他們確實描述了擺脫青春期陽具偏執的某種轉變，描述更多不同共享身體愉悅和滿足的可能性。

在 Sandberg 的分析中，這些男性老人強調彼此之間的觸摸和親密關係的愉悅感，顯現一種不同於「陽具性愛」（phallic sexualities）的滿足，她認為老年人對這種享樂的肯定，暗示了一種重新思考男性氣概及其享樂的方式，這是一種定義不清，但更具指導性意義的事情：「非陽具身體」（non-phallic body）不是某些男人的特徵，而是所有男人的潛能。

四、老年的依賴是一種協商合作的過程

Segal 指出構成世代的對立情緒，是根植於現代柴契爾主義的「緊縮拜物教」（austerity fetishization）。她認為年輕人對老年不滿情緒的文化煽動，是一種機會主義，很大程度上是由媒體驅動的。

Segal 認為老年、依賴、匱乏和不可見性之間的相互關係，使得許多人堅持抗拒老化，一再強調「我不老，我還年輕。」從而使「年老」成為我們任何年齡都無法接受的原因之一。但是很少有人提到「依賴」可能是一種協商合作的過程。就像撫養嬰兒一樣，那是一種生命回饋和互惠的協商合作。

拾、Toni Calasanti：年輕的凝視

Toni Calasanti 是美國維吉尼亞理工學院暨州立大學的社會學教授，也是老年學、婦女和性別研究中心的教師。她的研究關注於年齡、性別和社會不平等，包括流行文化的年齡歧視、年齡關係理論化和退休、照顧等等的老年議題。

2001 年，Calasanti 出版《性別、社會不平等與老化》（*Gender, Social Inequalities, and Aging*），本書涵蓋了工作和退休、身體形象、性、健康、家庭關係和非正式照顧等諸多主題，探討男性和女性在晚年生活中的差異，不僅是性別，而且還包括種族、階級、性取向和種族的不同。

2004 年，Calasanti 在〈女性主義老年學和老男人〉（Feminist gerontology and old men）一文中，以健康為例，從女性主義老年學的觀點檢驗老年男性，包括與其他男性競爭時的身體風險、忽視社交網絡和醫療保健，以及避免任何情緒緊張等等。2005 年，Calasanti 發表〈年齡歧視、引力和性別：老化身體的經驗〉（Ageism, gravity, and gender: Experiences of aging bodies, 2005）。這篇文章探討年齡歧視是如何塑造我們對身體的體驗，包括外貌和行為。

2006 年《年齡問題：重新定位女性主義思維》（*Age Matters: Realigning Feminist Thinking*）一書，Calasanti 探討性別權力與種族、階級和性取向的交互關係，特別是年齡關係和老年的理論化。她挑戰女性主義的學術思想，並改變性別研究中許多理所當然的概念。在〈年齡歧視與女性主義：從「等等」到核心〉（Ageism and feminism: From "et cetera" to center, 2006）一文中，她討論了老年人受到壓迫的方式，以及為什麼年齡關係代表了一個需要根據自身的權利來處理的政治位置。Calasanti 指出儘管婦女研究的學者和婦權運動者，並不否認年齡歧視的事實，但總是將其置於次要地位，忽視了將年齡關係理論化或將老年問題置於分析的中心。她認為這種故意的「年齡盲點」（age-blindness），是對年齡偏見的更微妙表達。

一、年齡關係的理論化

Calasanti 認為年齡歧視是建立在年齡關係的不平等之上
（Calasanti, 2005），老年研究必須將年齡關係理論化，只有通
過對年齡關係的批判，女性主義者才能介入老年人所面臨的壓
迫，尤其是受到多重壓迫的邊緣人群。

Calasanti 指出，年齡關係的概念討論，包括三個向度：第一，
年齡是社會組織的原則，年齡是定義個體和群體的主要身份特徵
之一；第二，不同的年齡群體彼此之間，藉此獲得身分認同和權
力地位；第三，年齡關係與其他權力關係相互交織，共同影響著
生命機會。

Calasanti 認為年齡關係的理論研究相當複雜化。例如，女性
主義者如果接受以年輕人為生活樣本的所謂「成功老化」（age
successfully）或「不老神話」的文化指令，會更加深年齡歧視；
例如，消費資本主義者可以藉由貶低老年的地位和價值來獲取利
益。

二、老年身體的年輕凝視

Calasanti 認為身體不僅標誌著一個人老的樣態，而且年齡
歧視也影響了我們對身體的體驗。老的身體並沒有普遍性的標記
或體驗，而是由於性別、種族、族群、階級和性取向的不同而有
所差異；身體是社會的建構，是被社會塑造、約束、甚至發明的

（Calasanti, 2005）。Calasanti 指出當前媒體和文化傳達一種觀念，即女性的身體作為男性性愛場景的形象，「男性凝視」（male gaze）不僅將女性客體化，而且具有威脅性。每一次「凝視」，都將一個人定格為從屬地位所定義的客體。

然而，許多女性主義者僅注意到「男性凝視」，卻忽視了「年輕凝視」（gaze of youth）。女性身體在公眾的監督下，許多女性對自己的外表永遠不滿意，並認為她們必須努力改變或提升自己的外表，以達到某些無法達到的美麗標準，而這樣的標準往往建立在年輕人的基礎之上。因此老年婦女的身體，會遭受雙重的凝視、雙重的威脅，很容易增加失敗的意識（Calasanti, 2005）。Calasanti 認為抗老並不能消除年齡歧視，反而會促使人們花費更多的時間、金錢和精力去追求不老神話。隨著年齡的增長，這種冒險註定會失敗，它會增加活動的負擔，也會加重我們對老化身體的罪惡感（Calasanti, 2005）。

三、老年作為一個政治位置

一個人變老的時候，會隨著其他不平等而產生變化。一旦到了老年，將喪失權威和地位。然而，Calasanti 認為，老年，作為一個政治位置，一直被忽視。那些被認為是老年人的人被邊緣化並失去權力；他們遭受暴力（如虐待老年人）、剝削和文化帝國主義。他們在權力、地位和金錢的分配上遭受不平等，然而這些不平等往往被認為是自然、無可爭議。

　　Calasanti 指出，女性主義的觀點使我們對年齡等其他權力關係具有敏感性，因此，出於政治原因，她使用「老」（old）一詞而不是「老人」（older）（Calasanti, 2004）。這種對性別關係特徵和塑造性別關係的權力差異的關注，以及對揭示和消除不平等根源的承諾，使得對老年研究不僅僅是對婦女的研究（Calasanti, 2004）。女性主義老年學研究的是年齡關係如何塑造男性氣質，導致老年男性地位降低（甚至隱形），以及男性氣質如何塑造老年男性與老年女性的關係，維持性別不平等（Calasanti, 2004）。因此，即使是全男性樣本，老年學研究也可能是女性主義的。重要的是，這種方法將男人和女人彼此聯繫起來（Calasanti, 2004）。

　　Calasanti 認為，許多女性主義的老年學家承認性別與其他社會不平等有著不可分割的聯繫，例如種族、性偏好和階級。這些層次結構中的每一個都包含權力關係，其中一個群體的特權有意或無意地與另一個群體的壓迫聯繫在一起。這些不平等是相互聯繫的，而不是加在一起的（Calasanti, 2004）。

拾壹、結語

　　雖然年齡意識或老年研究並未受到女性主義者的普遍重視，但從 1960、1970 年代婦女運動的第二波熱潮以來，少數女性主義者就開始審視老年的污名和歧視，揭露老年女性在「年輕凝視」下的困境，並試圖為「老女人」找到生命出口。她們的所思、所

為和所寫，都是以自己的生活經驗為基礎，進行深度的反思與批判。

Simone de Beauvoir 是在 60 歲時出版《老年》專書，Friedan 也是在 60 歲生日過後，才無情的強迫自己研究老年問題，72 歲時以《生命之泉》寫出身為一個老婦的困惑、恐懼和絕望。Kathleen Woodward 和 Cynthia Rich 都是在大約 50 多歲開始關心老年議題，Lynne Segal 在 60 多歲時年齡意識開始萌芽。Barbara Macdonald 則在 70 歲年紀親身體驗年齡的歧視，而 76 歲的 Germaine Greer 更在雪梨歌劇院舉辦的紀念國際婦女節會議中，重力批判現代女性主義的年齡歧視。換言之，她們的論述與主張都非憑空而起，而是親身體驗後的反動。綜觀這些女性主義者的老年批判重點，大致可歸納如下：

一、揭露「老女人」的邊緣化與被宰制的位置

面對「青春霸權」、「年輕宰制」的勢力，這些女性主義者都揭露出「老女人」的邊緣處境。Simone de Beauvoir 在《老年》以「他者」來分析被邊緣化和沮喪的老人，聲稱老人不僅是一般人眼中的「他者」，也是自己內心的「他者」。在《老年》書中 Beauvoir 寫道，對積極參與社會的年輕成員眼裡，老人看起來像是「不同物種」。在人們生命的最後十五、二十年裡，一個人只不過是一塊垃圾，一塊碎片。老人被拒絕了，精疲力盡，赤裸著，只剩下他的眼睛在哭泣。

Cynthia Rich 認為老年女性不僅處於邊緣位置，甚至消失了。她指出在年齡和性別的雙重歧視下，老女人有兩層看不見，一層看不見是因為她們老了，另一層看不見是因為她們是女人，而黑人老婦更是第三層的看不見。對 Barbara 而言，女人的老是一種被遺忘、被排除的過程。其中感受最深的是被年輕女同志的忽視、拒絕與剝削。在〈妳還記得我嗎？〉一文中，她非常細膩、深刻的描述這種失落、沮喪，以及自我分離的心情。Woodward 也指出，在大眾媒體社會裡，年齡和性別相互構成一套複雜反饋的迴路，使年長的女性身體產生矛盾的現象：「超可見」（hypervisible）和「不可見」（invisible）。「不可見」是一種忽視，看不到她的存在；「超可見」是一種厭惡、礙眼與突兀，只看到她的醜陋。

而 Calasanti 則指出當前媒體和文化傳達一種觀念，即女性的身體作為男性性愛場景的形象，「男性凝視」不僅將女性客體化，而且具有威脅性。每一次「凝視」，都將一個人定格為從屬地位所定義的客體。然而，許多女性主義者僅注意到「男性凝視」，卻忽視了「年輕凝視」。女性身體在公眾的監督下，許多女性對自己的外表永遠不滿意，並認為她們必須努力改變或提升自己的外表，以達到某些無法達到的美麗標準，而這樣的標準往往建立在年輕人的基礎之上。因此老年婦女的身體，會遭受雙重的凝視、雙重的威脅，很容易增加失敗的意識。

Barbara 對年輕女性主義者的忽視，更是義憤填膺。她一次又一次看到，並且一次又一次的說出，年輕的女同志剝削老年婦

女的事實。她們來到老年女同志面前，想要獲得口述歷史或論文的材料，但她們對老年女性主義者的生活卻完全漠不關心。Barbara 指出，從婦女運動的浪潮開始，60 歲以上的人就得到這樣的感悟：妳們的「姐妹情誼」並不包括我們，妳們年輕的人把我們看作是男人，把我們看作曾經是女人，但現在不再是女人的女人。妳看不到我們現在的生活，不認同我們的問題。妳剝削我們、消費我們、歧視我們。但最重要的是，妳無視我們。

二、擺脫青春的牽絆，突破年輕的迷思

年老最怕陷入青春的泥淖而不可自拔，老年如果只迷戀、執著於青春，就等於拒絕自己、排斥自己，不但不能活出老年的生命風格，一味模仿青春的結果，更將自己推入無底的深淵，只得不斷的偽裝，不斷的說謊。

Beauvoir 指出，儘管我們自己是「老年的未來居所」，卻拒絕承認我將成為的老年人。甚至，背離自己，在內心裡，我成為我自己的他者。她在《第二性》中指出，一個人越老，越拒絕認識自己，不認識鏡子裡的自己，不認識生活中的自己。總要別人相信，時間並沒有在身上留下半點痕跡；不但穿著打扮愈來愈年輕，連行為舉止都表現得很孩子氣。她說，日漸老化的女人很明顯的一個特徵是，喪失了自我的感覺，讓她失去了所有的定位。

Susan Sontag 指出，這個社會賦予年輕人的情感特權，激起了每個人對變老的焦慮。她認為所有的現代城市化社會，都貶

低成熟的價值，並把榮譽堆在年輕人的歡樂之上。當女人不再年輕時，她的自尊心和生活樂趣，很大一部分會受到威脅。在沉迷於青春神話的世界中，人們把幸福與年輕劃上等號，使每個人都喋喋不休地想知道別人的確切年齡，卻忐忑不安的謊報自己的年齡。每當一個女人謊報自己的年齡時，她都會成為年齡歧視的共謀者。Susan Sontag 認為女人應該說真話，女人應該讓自己的面孔展現出她們所經歷的生活。

　　Friedan 指出，拒絕老年的結果，發展到極致就是「返老還童」的期待和幻想。Friedan 認為我們應該秉持誠實地變老的精神，接受老年，承認自己的年紀。她鄙視那些假裝自己比實際年齡年輕的人，對 Friedan 而言，任何拒絕老年的方式，都無意於自掘陷阱。Segal 則告誡不要將諸如性征服和慾望性之類，以年輕人為中心的行為模式，等同於老年的性生活。她認為貪婪的男性吹牛者和女性菁英的獨身者，都沒有呈現出真實或令人滿意的老年性生活。她認為老年應該擺脫青春期陽具偏執的某種轉變，才能共享身體愉悅和獲得滿足的可能性。

三、尋找老年女性的解放力量，為生命找出口

　　面對「年輕霸權」的宰制，許多老年女性往往找不到生命的出口，只能在青春勢力下抑鬱以終。但 Beauvoir 認為老年並不是人類生活的必要結束，它可以通過各種調整和自動反應，通過實踐知識和智力知識來補償損失、退化和失敗。Beauvoir 在《老年》

書中寫道，如果老年不是對我們過去生活的荒謬模仿，那就是繼續追求賦予我們存在意義的目的，獻身於個人、團體或事業、社會、政治、智力或創造性工作。在老年時，我們還是希望有足夠強烈的激情，來阻止我們自暴自棄。一個人生命的價值，是用愛、友誼、憤慨、同情，去承擔人類的共同命運。

Friedan 說，隨著年齡的增長，生命有主要兩個關鍵目標和計劃，那就是愛和工作，它們賦予我們一天豐富的結構和親密的紐帶。老年工作的重點在於脫離權力和成功的鞭策之後，滿足在老年進化上的需要。她認為老年的迷思是源於年過 65 歲的人，被任意的從生產性的勞動中撤走；老年學的研究中，退休不必然會感到輕鬆和滿足，反而會產生一種加速死亡的壓力。Friedan 說，退休標誌著一個無角色的新起點，在欠缺社會定義下，老年人必須要創造自己的角色。老年最重要的不是婚姻、小孩、身體或美貌，而是探求，繼續發展新的目標和計畫。Friedan 的《生命之泉》是一種生命「復甦的敘事」，講述她如何克服了自己對老化的否認，享受「我從未如此自由」的樂趣。

Calasanti 認為，老年，作為一個政治位置，一直被忽視。那些被認為是老年人的人被邊緣化並失去權力；他們遭受暴力（如虐待老年人）、剝削和文化帝國主義。他們在權力、地位和金錢的分配上遭受不平等，然而這些不平等往往被認為是自然、無可爭議。Germaine Greer 認為女性解放並非從男性的角度來看待女性的潛力，相反的，她認為解放是一種強調差異的主張，是自我定義和自我決定的條件。

Susan Sontag 指出，面對老化的焦慮，婦女還有另一種選擇，可以追求智慧、能幹、強壯與野心，而不僅僅是善良、擔當，不僅僅是忍讓、優雅。女人對自己要有遠大的抱負，而不僅僅是為男人和孩子而存在。她們可以讓自己自然而毫無尷尬的老去，積極抗議和違抗那些源於社會的雙重標準而形成的規範。Margaret Gullette 她認為老化過程本來就是一種敘事，強調闡述故事和敘事對改變老年人生活的重大意義，這種敘事受到生理機能、生活經歷和社會因素的影響。Gullette 的「年齡自傳」是一個相當重要的主體反思工具，通過用老年人自己敘說的故事，從「被說」到「自說」，從「客體」到「主體」，來挑戰主流文化的老年敘事和刻板印象。

Barbara 認為，根據婦女的家庭角色來界定婦女，是導致年齡歧視的主要因素。在家庭裡，年長的女性往往被看做是照顧者和母親，而不是獨立的個體。在父權家庭中，母親被定義為青年的僕人。甚至，老年婦女是我們所有人的母親，為所有人服務。Barbara 宣稱，我們不是你的祖母、你的母親、你的姨媽。她堅持認為，只有擺脫這些家庭角色，老人和年輕人才能開始建立誠懇和平等的關係，獲得解放的力量，找到生命的出口。

參考資料

謬西（2003）。《魔蠍》。台北：皇冠出版社。

Beauvoir, Simone de (1949/1953). *The second sex*. (H.M. Parshley, Trans.). London, UK: Jonathan Cape.

Beauvoir, Simone de (1965). Saturday review. *The Paris review*, 34 (spring-summer).

Beauvoir, Simone de (1972). *The coming of age*. New York, NY: G.P. Putnam.

Calasanti , T. M. (2004). Feminist gerontology and old men. *The Journals of Gerontology Series B: Psychological Sciences and Social Sciences*, 59(6): S305-S314.

Calasanti , T. M. & Slevin, K. F. (2006). Age Matters: Realigning Feminist Thinking. New York, NY: Routledge.

Calasanti , T. M. (2005). Ageism, gravity, and gender: Experiences of aging bodies. Generations, 29(3): 8-12.

Calasanti , T. M., Slevin, K. F. & King, Neal (2006). Ageism and feminism: From" et cetera" to center. *NWSA journal*,18(1): 13-30.

Calasanti, T., & Slevin, K. (2001). *Gender, Social Inequalities, and Aging*. Lanham, Md.: Altamira Press.

Cole, T.R. & Ray, R.E. (2010). The humanistic study of aging past and present, or why gerontology still needs interpretive inquiry. In T. Cole, R. Ray, & R. Kastenbaum (Eds.), *A guide to humanistic studies in aging: What does it mean to grow old* (pp. 1-31). Baltimore, MD: Johns Hopkins University Press.

Freud, S. (1923). *The Ego and the Id*. (J. Strachey et al. Trans.). London, UK:

Hogarth Press.

Friedan, Betty (1963). *The feminine mystique*. New York, NY: W.W. Norton & Company, INC.

Friedan, Betty (1993). *The fountain of age*. New York: Simon & Schuster.

Greer, Germaine (1991). *The change: women, aging and the menopause*. London, UK: Hamish Hamilton.

Greer, Germaine (2000). *The whole woman*. New York: Anchor Books.

Gullette, Margaret M. (2011). *Agewise: Fighting the new ageism in America*. Chicago, IL: The University of Chicago Press.

Gullette, Margaret M. (2017). *Ending ageism, or how not to shoot old people*. Piscataway, NJ: Rutgers University Press.

Hepworth, Mike (1999).'Old age in crime fiction. In Julia Johnson and Robert Slater (Eds.), *Ageing and later life* (pp. 32-7). London, UK: Sage Publications.

Katz, Stephen (2016). Simone de Beauvoir's The coming of age: The humanities and gerontology's diagram of science, *Category: Forum: Rereading Beauvoir*, Issue 3. Retrieved September 15, 2021, from https://agecculturehumanities.org/WP/simone-de-beauvoirs-the-coming-of-age-the-humanities-and-gerontologys-diagram-of-science/

Macdonald, B. & Rich, C. (1983). *Look me in the eye: Old women, aging, and ageism*. San Francisco, CA: Spinsters Ink.

Macdonald, B. (1986). Outside the sisterhood: Ageism in women's studies. In J. Alexander (Ed.), Women and aging: An anthology by women (pp. 20-25). Corvalias, OR: Calyx Books.

Maierhofer, Roberta (2000). Simone de Beauvoir and the graying of American feminism. *Journal of Aging and Identity*, 5(2): 67-77.

Markson, Elizabeth W. & Taylor, Carol A. (2000). The mirror has two faces, Ageing & Society, 20(2): 137-60.

Segal, Lynne (1987).*Is the future female? Troubled thoughts on contemporary feminism.* London, UK: Virago.

Segal, Lynne (1990). *Slow motion: changing masculinities, changing men.* New York, NY: Palgrave Macmillan.

Segal, Lynne (2007). *Making trouble: life and politics.* London, UK: Serpents Tail.

Segal, Lynne & Showalter, Elaine (2013). *Out of time: The pleasures and the perils of ageing.* New York, NY: Verso.

Sontag, Susan (1972). The double standard of aging, *The Saturday Review*, September 23, pp. 29-38.

Woodward, K. (1991). *Aging and its discontents: Freud and other fictions.* Bloomington, IN: Indiana University Press.

Woodward, K. (2006). Performing age, performing gender. *NWSA Journal*, 18(1), 162-189. http://www.jstor.org/stable/4317191

Woodward, K. (Ed.). (1999). *Figuring age: Women, bodies, generations.* Bloomington, IL: Indiana University Press.

Wyatt-Brown, Anne M. (2000). The Future of Literary Gerontology. In Thomas R. Cole, Robert Kastenbaum, and Ruth E. Ray (Eds.). *Handbook of the humanities and aging.* (2nd ed.). (pp. 41-61). New York, NY: Springer.

第 3 章

高齡化社會的「性別化年齡歧視」與
老年婦女權益的主張

壹、前言

邁入高齡社會，人口老化已成為 21 世紀全世界必須面臨的趨勢和挑戰。根據聯合國人口基金（United Nations Population Fund）統計[1]，2021 年全球 65 歲以上人口已超過 7 億 5 千萬，占總人口 9.6%。其中北美老年人口比例更高達 17%，歐洲甚至達到 19%，超過 15 歲以下人口比例（16%）。估計，2050 年，全球 65 歲以上老年人口總數將翻倍成長至 15 億人，占總人口比重 16%。

在人口老化的趨勢中，更值得注意的是「老老人」人口的快速增加。2019 年，全世界 80 歲以上老年人口有 1 億 4 千 3 百萬

1　United NationsPopulation Fund (2021). Retrieved September 16, 2021, fromhttps://www.unfpa.org/data/world-population-dashboard

人，估計 2050 年會達到 4 億 2 千 6 百萬人，占老年人口比例的 60%。換言之，屆時，老年人口中有一半以上是 80 歲以上的高齡者[2]。因此，人口老化不但是世界無法逆轉的趨勢，高齡老年人口的急速增加，更是全球必須面對的大挑戰。

然而，在高齡社會中，更令人無法忽視的是「老化女性化」（Feminization of Ageing）的現象。「老化女性化」指的是在老年人口中，特別是在較高年齡階段，女性的比例普遍大於男性的現象（Sousa, Lima, Cesar, & Barros, 2018: 2）。由於，女性的「平均餘命」（life expectancy）較長，老化持續時間更久，老年女性在人口老化過程中成為性別多數的群體。在生活中，看到「老女人」的機會比看到「老男人」多，老年女性的身影更能呈現高齡社會的面貌。

依據世界衛生組織（WHO）的統計[3]，2021 年，全世界人口「平均餘命」為 73 歲，男性 71 歲，女性 75 歲。從男女性別比例分析，從 50 歲以後，全球女性人口即多於男性。70 歲以後男女比例落差更明顯擴大，在 70-74 歲年齡層中，男性只占女性的86.114%。90 歲以後，男性甚至不到女性的一半。百歲人瑞中，男性只占女性的27.754%，呈現出典型的「老化女性化」現象（如圖 3.1、表 3.1）。

2　同註 1。

3　WHO(2021).Retrieved September 16, 2021, fromhttps://statisticstimes.com/demographics/world-sex-ratio.php

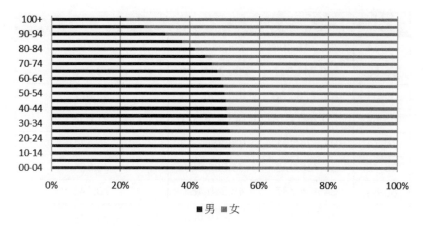

圖 3.1　世界人口性別比（以年齡分）
資料來源：WHO, 2021

表 3.1　世界人口各年齡別性別比例（2021）

年齡別	男	女	每 100 女性相對男性人數
00-04	349,524,863	328,762,461	106.315
05-09	344,376,197	323,101,366	106.585
10-14	333,944,005	312,273,127	106.940
15-19	318,945,048	297,685,602	107.142
20-24	309,162,637	289,633,429	106.743
25-29	305,182,551	287,318,181	106.218
30-34	310,514,056	296,871,527	104.595
35-39	282,814,059	274,255,969	103.120
40-44	252,146,917	247,107,979	102.039
45-49	241,799,413	238,718,420	101.291

接下頁

年齡別	男	女	每 100 女性相對男性人數
50-54	225,715,496	226,212,742	99.780
55-59	196,711,317	200,284,929	98.216
60-64	160,773,193	168,566,244	95.377
65-69	131,891,628	143,926,627	91.638
70-74	91,526,291	106,285,613	86.114
75-79	56,736,973	71,231,681	79.651
80-84	34,405,737	48,840,181	70.446
85-89	16,760,709	27,614,863	60.695
90-94	5,932,421	12,172,566	48.736
95-99	1,239,874	3,377,405	36.711
100+	135,005	486,430	27.754
總計	3,970,238,390	3,904,727,342	101.678

資料來源：WHO, 2021

　　我國於 1993 年 65 歲以上人口超過 7%，踏入「高齡化社會」（aging society），2018 年轉為「高齡社會」（aged society）（14%），推估將於 2025 年邁進「超高齡社會」（super-aged society），65 歲以上人口將超過總人口的 20%。此外，老年人口的年齡結構更快速高齡化。2020 年，85 歲以上高齡人口占老年人口 10.7%，推估 2070 年將增長至 27.4%，50 年間擴大將近三倍[4]。

4　資料來源：〈高齡化指標〉，國家發展委員會人口推估查詢系統（2021）。取自 https://www.ris.gov.tw/app/portal/346

在人口老化趨勢中，台灣亦呈現「老化女性化」現象。依據內政部統計[5]，2020 年，男性「平均餘命」78.11 歲，女性 84.75 歲，女性比男性平均多活了 6.64 歲。統計顯示，女性人口從 35 歲以後即多於男性。110 年 7 月底，65 歲以上人口 3,870,066 人，占總人口的 16.49%。其中男性 1,76,2445 人，女性 2,107,621 人，男性占女性的 83.62%。80 歲以上人口，男性更降到女性的 74.66%，台灣「老化女性化」現象相當明顯。

從社會文化的意義而言，由於男女的性別差異，在「老化女性化」的脈絡中，占多數的老年女性，對解釋和理解老化過程，以及種種社會高齡化的現象，應占有舉足輕重的地位。對老年女性生活狀況的把握，有助於人口老化現象的理解與問題的解決。

貳、老年婦女的生命困境

從 21 世紀開始，我們迎接一個新的時代。從 19 世紀開始，在女性主義社會運動的奮鬥下，相關婦女權利的保護和促進，儘管速度緩慢，但也已經獲得一定程度的實現和承認。例如生育、婚姻、母職、工作環境、政治參與、性別平等、性別友善等等，都獲得相對的改善。但是，我們不能因此天真的以為，當討論婦女問題時，所有年齡階段的女性權益都同樣獲得關注與改善，性

5　〈110 年第 32 週內政統計通報〉，內政部統計處（2021.8.6）。2021 年 9 月 15 日，取 自 https://www.moi.gov.tw/News_Content.aspx?n=2905&s=235554

別歧視問題已經不用過度擔心。殊不知，現今的性別歧視正隱晦而巧妙的透過年齡歧視，轉變成複合式的歧視型態。當年輕女性高呼性別平等萬歲時，許多老年女性卻仍深陷性別歧視的壓迫中無法脫身。

從性別與年齡相互交叉檢視，同為女性，但年輕女性與年老女性往往生活在不同的世界，有不同的生命境遇。然而，迄今為止，我們對老年婦女生活世界的重視與理解，包括她們的經濟條件、健康狀況、社會處遇，以及她們的基本權益等等，均缺乏深刻的探究。相關機構除了定期公佈的人口統計數字外，幾乎沒有真正有關老年女性的生活實徵資料可查，有關高齡女性的福祉、政策、法律，以及性別平等問題，很少有人會特別關注。

在人口老化過程中，人們總將老年人視為無性別、無年齡差異的整體，並且常常以男人的觀點、年輕的視角，來看待老年女性的生命世界。事實上，由於老年女性的生活條件、生命歷程有別於男性，她們的身體、心理與生命經驗也有別於年輕世代，因此不能以男性或年輕人的生活世界當模本。65 歲以上老年婦女的生活，由於長年性別不平等的累積，往往必須面對許多生活的壓迫與威脅，造成生命的脆弱性，包括貧窮、獨居、照顧者的角色承擔與養護的需求等等。因此，雖然女性預期壽命較長，但許多人卻無法享受晚年生活。

一、貧窮困境

性別、老化和貧困往往呈現一定的關聯性，貧窮是老年女性常會面對的生活困境之一。數據顯示，老年人口中年齡層愈高，女性比例愈多，貧窮率也愈高。依據經濟合作及發展組織（Organization for Economic Cooperation and Development, OECD）2019 年的統計[6]，全世界 65 歲以上人口，有 13.5% 生活在貧窮線以下，其中，所有國家老年女性的貧窮率皆高於男性。老年女性貧窮率 15.7%，男性 10.3%，因此，老年女性必須承擔更高的經濟風險。尤其，第三世界，甚至開發中國家，例如巴基斯坦等，老齡婦女的經濟困境變得更加悲慘，她們是老年人口生活最脆弱的一群。

美國威斯康辛大學（University of Wisconsin）社會學家 Diana Pearce 早在 1978 年便提出「貧窮女性化」（feminization of poverty）的概念，指出女性在全球貧窮人口中所占的比例比遠高於男性，而且相較之下更容易陷入貧窮循環（Pearce, 1978）。然而，貧窮女性的身影多年來散落在諸多議題中，例如性產業、未婚生子、單親家庭、婚姻暴力、家庭照顧與安置等。女性貧窮往往體現了一種尤其容易發生在女性身上的剝奪，包括失去身體自主權，無論是因體弱而無法應付工作、月經照顧困難、遭遇暴

6　'Income Distribution Database', (OECD, 2019). Retrieved from http://www.oecd.org/social/income-distribution-database.html

力、淪入性工作、非自願生子、被迫依附權勢等等，肉體的苦痛與隨之而來的尊嚴賤踏，經常是女性在貧窮之下的首當其衝。若以年齡差異分析，貧窮對於老年女性而言，不管程度或人數，都比年輕女性有過之而無不及。

老年女性更容易陷入貧窮的成因包括：

1. 勞動市場中的性別歧視，女性薪資低於男性。
2. 女性常擔任無償的家務工作，沒有薪資收入。
3. 婦女的勞動參與率低，沒有工作年金。
4. 即使有工作，女性更容易因為家庭照顧責任退出職場，造成保險年資中斷。
5. 即使有國民年金的設置，無收入的婦女也未必繳付得起這種「失業稅」。

婦女的一生中，社會經濟地位往往植基於不平等的勞動分工，今日的老年婦女在年輕時，很多人參與的是無酬的生殖勞動、家務承擔和照顧他人，不平等家庭權力關係，使得婦女的收入少、儲蓄少，導致晚年經濟的脆弱。這種不平等在婦女一生中的累積效應，使她們在老年時特別容易陷入貧困、歧視、暴力和邊緣化的困境。

根據勞動部勞工保險局公布的 2019 年各社會保險老年給付概況[7]，我國各社會保險老年給付分為按月請領之「年金」及「一次給付」，觀察兩性平均領取金額，除國民年金保險老年年金女

7　勞動部勞工保險局（2021）。取自 https://www.bli.gov.tw/0013054.html

性領取金額稍高於男性，其餘不論一次性或年金式給付方式，男性均高於女性。其中，勞工保險老年一次金給付，女性領取金額僅占男性 70.4%，落差最大，其次為公教人員保險養老年金及勞工保險老年年金，女性領取金額約占男性 88% 左右。

依衛生福利部 2018 年公佈的 106 年「老人狀況調查」[8]，65 歲以上長者主要經濟來源以來自「自己的退休金、撫卹金或社會保險給付」占 31.1% 最高，加計「自己的儲蓄、利息、租金、投資所得或商業保險給付」（14.8%）及「自己的工作或營業收入」（9.5%），顯示長者擁有自給經濟來源比重達 5 成 5；另來自「子女或孫子女奉養」占 24.3%，「政府救助或津貼」則占 15.5%。

若從性別觀察，男、女性擁有自給經濟來源比重分別為 67.1% 及 45.2%，其中男性長者主要經濟來源為「自己的退休金、撫卹金或社會保險給付」，占 36.9%，高於女性之 26.1%；女性長者主要經濟來源則來自「子女或孫子女奉養」，占 30.7%，明顯較男性 16.9% 為高。以生活費統計，65 歲以上長者平均每月可使用的生活費為 12,743 元，其中男性平均為 13,714 元，高於女性的 11,916 元，顯示老年女性經濟的脆弱性與依賴性比男性高出許多。然而，女性老年貧窮問題，卻很少獲得關注。

8　〈106 年「老人狀況調查」〉，（衛生福利部），2018。取自 https://dep.mohw.gov.tw/DOS/mp-113.html

二、獨居生活

　　獨居不是問題，很多時候，獨居是自願性的選擇，甚至成為一種趨勢和流行。然而，如果年老時，尤其高齡的老者，獨居往往會造成生活的困難，包括飲食起居、醫療照顧、情感支持或社會孤立，甚至造成「孤老死」的不幸。但是，獨居生活正是許多高齡婦女無從選擇的生活方式，包括未婚、離婚、喪偶，甚至被遺棄（DePaulo, 2020）。

　　研究顯示，大部分國家老年獨居都是女性比男性多，尤其在75 歲以後更加明顯。2020 年，英國 65 歲以上女性獨居者約 244萬，是男性 126 萬的兩倍。美國人在 65 歲以前，男性獨居率比女性高，但 65 歲以後情況就反轉，女性比男性多。75 歲以後，男女性獨居比率為 23%：45%，老年女性獨居率約是男性的兩倍（DePaulo, 2020）。

　　依據行政院主計處「109 年人口及住宅普查」初步統計結果[9]，就性別及年齡別觀察，我國男性離婚或分居率為 6.4%，女性為 7.0%。男性喪偶率為 2.4%，女性為 10.3%。65 歲以後，男女喪偶比率差距更加擴大。65-69 歲喪偶比率，男性 4.3%，女性21.7%。70-74 歲喪偶比率，男性 7.4%，女性 34.6%。75 歲以上喪偶比率，男性 22.0%，明顯低於女性之 62.0%。

9　資料來源：中華民國統計資訊網。取自 https://www.stat.gov.tw/lp.asp?CtNode=548&CtUnit=383&BaseDSD=7&mp=4

　　此外，65-69 歲有配偶比率，男性 84.4%，女性 66.7%。70-74 歲有配偶比率，男性 84.1%，女性 57.8%。75 歲以上有配偶比率，男性 73.4%，明顯高於女性之 35.3%，造成老年女性獨居率的可能性比男性高。調查顯示，台灣 65 歲以上「獨居」女性一直高於高於男性，而且期待「獨居」比率較男性高，但仍然有 58.1% 期待「和子女住在一起」（如表 3.2、表 3.3）。

　　2020 年，衛福部統計處「列冊需關懷的獨居老人」有 41,983 人，雖然總人數比 2018 年減少了，但其中除了中低收入戶、榮民與原住民以外，一般老人獨居共 30,767 人，其中男性 11,225 人，女性 19,542 人，女性依然高出 8,317 人。當這些獨居老人漸漸失去自理生活的能力，健康和安全都會產生很大的疑慮。研究

表 3.2　65 歲以上人口家庭組成情形（106 年 9 月底）

項目別		總計	男	女
總計	人　數	3,218,881	1,480,556	1,738,325
	百分比	100.00	100.00	100.00
獨居		9.0	6.9	10.7
僅與配偶（含同居人）同住		20.4	25.4	16.1
兩代家庭		32.7	33.3	32.3
三代以上家庭		33.6	30.5	36.3
與其他親戚朋友同住		1.0	1.1	1.0
僅與外籍看護工同住		1.4	1.0	1.7
住在機構及其他		1.9	1.9	1.9

資料來源：行政院主計處

表 3.3　65 歲以上人口期待居住方式（106 年 9 月底）

項目別		總計	男	女
總計	人　數	3,218,881	1,480,556	1,738,325
	百分比	100.0	100.0	100.0
獨居		9.6	7.7	11.2
僅與配偶（含同居人）同住		26.2	32.7	20.6
和子女住在一起		54.3	50.0	58.1
和親戚朋友同住		0.8	0.9	0.6
和其他老人一起住機構		0.9	1.0	0.7
其他		0.2	0.1	0.2
代答者不回答		8.1	7.6	8.5

資料來源：行政院主計處

顯示，獨居的老年女性中，高達六成因為缺乏人陪伴而感到寂寞。由於缺少人際互動，容易導致獨居者有憂鬱和焦慮等心理狀況，也增加心臟病和免疫系統疾病的機率（Widhowati etc., 2020）。

　　依衛生福利部統計，107 年底「列冊需關懷獨居老人」中 [10]，女性獨居老人 2.6 萬人，較男性 1.9 萬人高出 0.7 萬，且女性獨居比率逐年增加，107 年底為 57.8%，較 103 年底增加 3.1%，男性獨居比率則相應減至 42.2%，兩性差距持續擴大，由 103 年底差距 9.4%，增至 107 年底 15.6%。

10　衛生福利部統計處（2021）。取自 https://dep.mohw.gov.tw/dos/cp-2977-13846-113.html

三、照顧者的角色承擔

　　照顧者的角色承擔是目前全球婦女面臨的最嚴重限制之一。雖然男性已逐漸分擔一些照顧工作，但女性仍然承擔大部分。據美國調查顯示[11]，75% 的家庭照顧者是女性，她們提供照顧的時間比男性照顧者多 50%，其中有 34% 的照顧者是 65 歲以上老年人。由於照顧已成為多代人的生活需求，許多女性需要照顧的不僅僅是孩子，還包括長輩、配偶。她們年輕時照顧幼兒，中年照顧父母 / 公婆，年老時她們仍然忙於失能配偶或孫子的照顧，而且，這些照顧工作往往是無償的付出。

　　從美國的調查[12]（如表 3.4），50-64 歲照顧的對象 18% 是 18-49 歲的受照顧者，23% 是 50-74 歲的受照顧者，65% 是 75 歲以上的受照顧者；65-74 歲照顧的對象 9% 是 18-49 歲的受照顧者，38% 是 50-74 歲的受照顧者，53% 是 75 歲以上的受照顧者；75 歲以上照顧的對象 6% 是 18-49 歲的受照顧者，21% 是 50-74 歲的受照顧者，74% 是 75 歲以上的受照顧者。從這個調查數據中看出，高齡者仍然扮演相當吃重的照顧者角色，而且老人照顧老

11　Family Caregiver Alliance (2021). Caregiver Statistics: Demographics. Retrieved September 15, 2021, from https://www.caregiver.org/resource/caregiver-statistics-demographics/

12　The National Alliance for Caregiving (NAC) & AARP (2020, May). Caregiving in the U.S. 2020. Retrieved from https://www.aarp.org/content/dam/aarp/ppi/2020/05/full-report-caregiving-in-the-united-states.doi.10.26419-2Fppi.00103.001.pdf

表 3.4　按照顧者年齡劃分的主要照顧者年齡（age of main care recipient by age of caregiver）

主要照顧者 年齡 受照顧者年齡	主要照顧者年齡			
	18-49 (n=552) A	50-64 (n=546) B	65-74 (n=217) C	75+ (n=237) D
受照顧者的平均年齡	62.6	73.6	75.4	77.7
受照顧者年齡 18-49	18%	11%	9%	6%
受照顧者年齡 50-74	56%	23%	38%	21%
受照顧者年齡 75+	25%	65%	53%	74%

資料來源：“Action research: Action and research,” by B. Dick, 2002, from http://www.scu.edu.au/schools/gcm/ar/arp/aandr.html

註：上標的字母表示數位明顯高於所標列的數字。結果是四捨五入的，不知道 / 拒絕的回答沒有顯示；結果加起來可能不是百分之百。

人是一種普遍的現象，照顧的對象主要是配偶或伴侶。調查顯示，這些 75 歲以上的照顧者每週花費 75 小時以上，比中年照顧者花費 21.7 小時還要高出許多。

　　根據統計，目前台灣的家庭照顧者中，超過八成都是女性[13]。若從衛生福利部「調查報告— 106 老人狀況調查：主要家庭照顧者」來看，女性因照顧辭去工作比率為 43.93%，較男性 24.42% 高出 19.51%。然而，台灣女人們擔任家庭的主要照顧者，往往被家人認為是「天經地義」、「理所當然」，甚至連自己也

13　同註 8。

甘願的認為：「誰叫自己身為女人。」無酬的照顧工作往往限制了婦女的流動性、技能發展與職業升遷，因而限制了她們的就業和掙錢機會。當婦女積極參與勞動力市場時，許多人別無選擇，只能從事低工資的工作，或者淪為福利少、保障少的兼職工作，因而影響老年的生活品質。

依據行政院主計處 2018 年公布的「有偶婦女無酬照顧的時間」統計[14]，女性每日花費 3.88 小時，男性只有 1.13 小時。包括照顧子女、老人和其他家人。「15-64 歲女性平均每日無酬照顧工作時間」，最高的是 34-44 歲，每日 252.1 分鐘，其次是 55-64 歲，每日 243.7 分鐘。

依據衛生福利部 2019 年「15-64 歲婦女生活狀況調查報告」[15]，15 歲以上有偶（含同居）女性平均每日無酬照顧時間為 4.41 小時，其配偶（含同居人）平均每日無酬照顧時間僅 1.48 小時，遠低於有偶女性花費的時間，其中女性以做家事花費時間最長，平均每日為 2.22 小時；其次為照顧未滿 12 歲兒童 1.68 小時；其他（照顧 12-64 歲、65 歲以上家人及志工服務）則為 0.51 小時。衛生福利部 2017 年的老人生活狀況調查顯示，老人負責照顧配偶或親戚者越來越普遍。65 歲以上需要長期照顧者，其配偶往往成為主要照顧者，而且比例越來越高，從 2005 年 13.2% 增加到 2017 年 21.5%。

14　行政院統計指標 2018/12/14 https://www.dgbas.gov.tw/fp.asp?xItem=37200&ctNode=324

15　同上註。

四、養護照顧的需求

高齡化社會中，所有國家要長期養護照顧的老年人數量將大幅增長，其中多數會是老年婦女。因為在生理老化上，高齡女性的身體狀況往往比男性差、疾病比男性多，加上平均餘命較長，因此養護的需求也較高。依據衛生福利部國民健康署 2018 年發布的〈2017 年中老年身心社會生活狀況長期追蹤調查成果報告〉，不健康平均餘命，女性 9.31 歲，男性 7.59 歲。50 歲以上女性自覺健康狀況「不太好」或「很不好」的比例為 16.3%，男性為 14.2%。75 歲以上女性認為目前健康狀況「不太好」或「很不好」者達三成以上（34.3%）[16]。

就整體慢性疾病罹患率而言，50 歲以上老人，逾七成（72.2%）至少罹患一種慢性疾病。依性別比較，男性至少罹患一項慢性疾病的比例（73.9%）高於女性（70.7%），但 65 歲以上女性罹患慢性病項目數則較同年齡層男性多；50-64 歲男性患高血壓比例高於女性，但 65 歲以後則相反，75 歲以上女性患有高血壓比例高達 62.1%；50-64 歲之各年齡層曾患糖尿病的比例均是男高於女，但 65 歲以後則相反；各年齡層女性患關節炎或風濕症的比例均高於男性，且 75 歲以上女性逾三成（31.8%）患有關節炎或風濕症；女性在 60 歲以上各年齡層的失智症比例皆高於男性。女性「有憂鬱」狀況之比例為 14.1%，男性為 8.4%，

16　https://www.hpa.gov.tw/Pages/Detail.aspx?nodeid=242&pid=1282

各年齡層女性「有憂鬱」狀況之比例，普遍高於男性。老年人自述目前憂鬱狀況的平均分數為 3.8，女性及男性平均分數各為 4.2、3.3，女性各年齡層之憂鬱平均分數皆高於男性。75 歲以上女性老人憂鬱分數 5.9 分，為所有年齡層最高。

　　若從慢性疾病、衰弱評估、日常生活活動能力、工具性日常生活活動能力等四方面比較，更能具體呈現老年女性的健康狀況。

　　（一）**慢性疾病**：隨年齡增加，慢性疾病也增加，但女性罹患慢性疾病比率增加速度較男性快，至 75-79 歲時超過男性（如圖 3.2）。

　　（二）**衰弱評估**：65 歲以上女性 3 項衰弱指標均高於男性，女性「體重減輕」、「下肢功能衰弱」、「精力降低」等 3 項衰

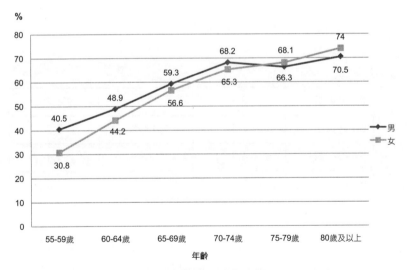

圖 3.2　55 歲以上罹患慢性疾病情形──按性別分
資料來源：衛福部

弱指標，分別為8.1%、18.9%、4.0%，均高於男性。若比較「55~64歲」及「65歲以上」3項衰弱指標變化，女性衰弱上升幅度均高於男性，其中「下肢功能衰弱」最為明顯，女性增加16.4%，男性增加9.9%。（如圖3.3、表3.5）

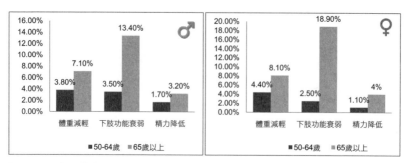

圖3.3　衰弱指標——按性別及年齡分（資料來源：衛福部）

表3.5　衰弱指標——按性別及年齡分

性別／年齡	衰弱指標	體重減輕	下肢功能衰弱	精力降低
男	50-64歲	3.8	3.5	1.7
	65歲以上	7.1	13.4	3.2
女	50-64歲	4.4	2.5	1.1
	65歲以上	8.1	18.9	4.0

資料來源：衛福部

　　（三）**日常生活活動能力（ADLs）**：65歲以上女性日常生活活動（ADLs）有困難比率高於男性65歲以上。女性日常生活活動（ADLs）自理6項中至少有1項困難占14.59%，男性

11.21%（如表 3.6、圖 3.4），而且女性年紀愈大上升的幅度亦較男性大，6 項日常生活活動中，以洗澡有困難比率 10.98% 最高，且女性 6 項有困難的比率皆高於男性（如表 3.7）。

表 3.6　65 歲以上女性日常生活活動（ADLs）至少有一項困難
　　　　──按性別及年齡分

年　齡　別	總計	男	女
總　　　計	13.0.	11.21	14.59
65-69　歲	4.88	5.25	4.54
70-74　歲	6.68	5.16	8.00
75-79　歲	11.97	10.28	13.35
80 歲及以上	32.39	27.93	35.86

資料來源：衛福部

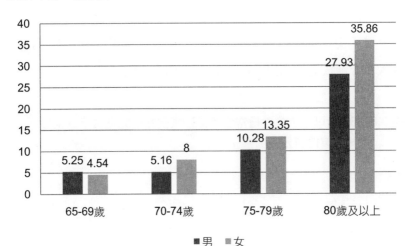

圖 3.4　65 歲以上女性日常生活活動（ADLs）至少有一項困難──
　　　　按性別及年齡分（資料來源：衛福部）

表 3.7　65 歲以上日常生活活動（ADLs）有困難情形——按性別

106 年 9 月　單位：%

項目別	總計	男	女
洗澡	10.98	8.87	12.79
上下床或上下椅子	10.18	9.01	11.18
室內走動	10.07	8.67	11.25
上廁所	9.10	7.79	10.21
穿脫衣服	9.01	7.97	9.90
吃飯	5.99	5.52	9.39

資料來源：衛福部

（四）**工具性日常生活活動能力（IADL）**：65 歲以上女性工具性日常生活活動（IADL）有困難比率高於男性 9 項工具性日常生活活動，女性很困難或完全做不到的比率均高於男性，其中又以「獨自座車外出」及「在住家或附近做粗重的工作」差距較大，分別較男性高出 5.6 及 5.4%（如表 3.8）。

表 3.8　65 歲以上工具性日常生活活動很困難或完全做不到情形
　　　　——按性別分

106 年 9 月　單位：%

性別〔/〕日常生活活動	總計	男	女	女 - 男（百分點）
在住家或附近做粗重的工作	**19.6**	16.7	22.1	5.4
獨自坐車外出	**15.1**	12.1	17.6	5.6
食物烹調、煮飯、準備餐點	**11.4**	10.3	12.4	2.1

性別　　日常生活活動	總計	男	女	女 - 男（百分點）
洗衣服	**11.1**	9.8	12.3	2.5
掃地，洗碗，倒垃圾等其他輕鬆工作	**10.7**	9.0	12.0	3.0
買個人日常用品	**10.5**	8.2	12.4	4.2
處理金錢	**8.6**	7.3	9.7	2.5
使用電話	**7.6**	6.8	8.3	1.5
服用藥物	**6.3**	5.1	7.2	2.1

資料來源：衛福部

　　依經建會「2010-2060 年台灣人口推計」中推計人口數及衛生署 2010 國民長期照護需要調查之失能率推估，民國 100 年 65 歲以上老人有長期照顧需求之總人口數為 407,155 人，其中女性人數為 204,188 人（50.15%），男性為 202,966 人（49.85%）[17]。老年女性人口多、平均餘命較長、失能比例較高，所以在長照體系中需要的照護服務將可能多於男性。

五、老人虐待

　　老人虐待是一個非常重要的公共衛生和社會問題。2017 年，世界衛生組織在不同區域 28 個國家（包括 12 個低收入和中等收

17　https://iknow.stpi.narl.org.tw/Post/Files/policy/2012/policy_12_017_1.pdf

入國家）進行了 52 項研究，所提供的證據顯示，在過去一年中，估計有 15.7% 的 60 歲以上老人，遭受了某種形式的虐待[18]。

老人虐待是指對老人的健康或福祉造成傷害、威脅或忽視其需要。受虐的方式包括身體或精神的傷害、性侵害或停止維持生活所需之食物和醫療照顧。2002 年在全球防止老人虐待會議中提出的「多倫多宣言」（Toronto Declaration）指出：「虐待老人指在任何理應相互信任的關係中，由於單次或重複行為或缺乏適當行動而導致老人受到傷害或遭受痛苦的情況。此類暴力是對人權的侵犯，包括身體、性、心理、情感、財務和物質虐待；遺棄、忽視以及嚴重缺少尊嚴和尊重。」[19]

世界衛生組織在 2017 年 6 月 15 日「認識虐待老人問題世界日」公佈調查報告，根據估計，全球六分之一，也就是總數高達 1.41 億的 60 歲以上老年人受到虐待或不好的對待，經評估分析虐待老年人的問題是被低估的，而隨著人口老齡化，遭受虐待的老年人數量將急劇增加，到 2050 年，有可能增加到 3.3 億人，但是這個問題並沒有像公共健康問題或者其它形式的暴力那樣受到足夠的重視[20]。

---

18 World Health Organization：The Toronto declaration on the global prevention of elder abuse. Geneva: WHO, 2002.

19 World Health Organization. (2002). The Toronto declaration on the global prevention of elder abuse. World Report on Violence and Health. Geneva: World Health Organization Library.

20 Elder abuse prevalence in community settings: a systematic review and meta-

2021 年，世界衛生組織提出有關老人虐待的幾個重要的訊息[21]：

- 在過去的一年中，大約有六分之一的 60 歲以上老人在社區環境中遭受了某種形式的虐待。也就是總數高達 1.41 億的 60 歲以上老年人受到虐待或不好的對待。
- 在護養院和長期護理中心等機構中，老人遭受虐待的比率很高，三分之二的員工稱他們在過去一年中曾虐待過老人。
- COVID-19 大流行期間，老人遭受虐待的比率有所增加。
- 虐待老人可導致嚴重的身體傷害和長期的心理後果。
- 由於許多國家都正在經歷快速的人口老齡化，預計虐待老人的現象會愈發嚴重。到 2050 年，有可能增加到 3.3 億人，但是這個問題並沒有像公共健康問題或者其它形式的暴力那樣受到足夠的重視。

世界衛生組織指出，由於老人往往害怕向家人、朋友或主管部門報告遭受虐待的情況及其他一些原因，每 24 例老人受虐事件中，僅有 1 例獲得通報。因此，老人虐待問題的流行率可能被低估。儘管嚴謹資料有限，該項分析仍在現有各項研究的基礎上，

---

analysis. Yon Y, Mikton CR, Gassoumis ZD, Wilber KH. Lancet Glob Health. 2017 Feb;5(2): e147-e156. https://www.ncbi.nlm.nih.gov/pubmed/28104184

21　High prevalence of elder abuse during the COVID-19 pandemic: risk and resilience factors. Chang ES, Levy BR. The American Journal of Geriatric Psychiatry. 2021. https://pubmed.ncbi.nlm.nih.gov/33518464/

估算了受到不同類型虐待的老年人數量。

　　世界衛生組織根據對所蒐集的機構員工、老年人及其代理人資料進行的各項研究，估算機構中存在的虐待老人問題及各種虐待行為的情況，共對六個國家基於員工自陳虐待老人情況的九項研究進行了分析。結果顯示，64.2% 的員工在過去一年中有過某種形式的虐待行為，對員工和老人自陳的各種虐待老人行為進行的估算也顯示，問題的嚴重程度相似。

　　機構中的虐待行為可能包括：從身體方面限制患者、通過諸如給他們穿不潔衣物等方式，使他們失去尊嚴和在日常事務上的選擇權、故意不提供足夠的護理（如任憑他們長出褥瘡）、過度給藥或給藥不足及扣留患者的藥物，以及在情感上加以忽視和虐待。證據顯示，在 COVID-19 大流行期間，社區和機構中老人遭受虐待的流行率都提高，例如，美國的一項研究發現，社區內的虐老流行率可能提高 84%[22]。

　　虐待會導致老人身體傷害，從微小的擦傷和瘀傷到骨折，以及可能會導致殘疾的損傷不等，同時還會造成嚴重、有時甚至是長期的心理後果，包括抑鬱和焦慮。對老年人而言，遭受虐待的後果可能尤為嚴重，恢復期更長，即便只是較小的傷害也可能會導致嚴重的永久性損傷，甚至死亡。一項為期十三年的研究發

22　WHO 15/ 06/ 2021 Elder abuse https://www.who.int/news-room/fact-sheets/detail/elder-abuse

現，受虐待老人過早死亡的概率是未受虐待老人的兩倍[23]。

　　根據衛生福利部的統計，台灣近十年 65 歲以上老年人口家暴人數及占比皆呈逐年遞增趨勢。106 年老年人家暴被害 9,083 人，較 96 年增加 5,838 人（+179.9%）；占全國家暴被比重亦由 96 年 4.74%，上升至 106 年 9.52%。其中，老年婦女遭受虐待的人次，歷年來都比男性高，而且差距越來越大。106 年老年婦女遭受虐待有 5,611 人次，占總數 9,083 人次的 61.77%。

　　從衛生福利部統計處「老人保護概況」的統計發現：2020 年老人保護扶助人次，上半年 23,334 人次，下半年 25,561 人次。老人被害人之受暴型態，精神暴力案件最多 5,794 人次，占 66.8%，肢體暴力次之 3722 人次，占 42.9%，經濟暴力居三 441 人次，占 5.1%，性暴力有 24 件；而其中 67.5% 的案件被害人受暴型態為 1 種，逾五分之一（21.7%）的案件為 2 種受暴型態。根據衛福部資料統計，家庭暴力案件種類，老人虐待的通報案件近 10 年快速增加，從 2007 年的 1,952 件到 2017 年的 7,473 件，成長 3.8 倍，平均每 5 分鐘就有一起家暴，遠高於親密伴侶間的暴力（1.4）與兒少保護（1.1）[24]。

23　The mortality of elder mistreatment. Lachs MS, Williams CS, O'Brien S, Pillemer KA, Charlson ME. JAMA. 1998 Aug 5;280(5): 428-32. https://www.ncbi.nlm.nih.gov/pubmed/9701077

24　衛生福利部統計處「老人保護概況」https://dep.mohw.gov.tw/dos/cp-2984-14079-113.html

參、性別化的年齡歧視

年齡不只是一個數字，標誌的不只是歲月的過往，年齡還是社會分類、評價的標準，更是一種政治和話語的位置。如果基於年齡而對人產生成見、偏見或貶抑，甚至差異的對待方式，稱之為「年齡歧視」（ageism）（Butler, 1968）。雖然「年齡歧視」會發生在不同年齡，然而，老年人是主要的受害者。

世界衛生組織（WHO）指出：「對老年人來說，年齡歧視是每天都要面對的挑戰。無論是求職被忽視、社會資源被限制、媒體中的刻板印象等等，讓老年人被邊緣化而排除於主流社群之外。」聯合國報告稱「年齡歧視」是一項全球性挑戰，年齡歧視導致老人健康狀況不佳、社會孤立、過早死亡和重大經濟損失。根據聯合國新編寫的年齡歧視問題報告，世界上二分之一的人持有年齡歧視態度，導致老年人身心健康狀況惡化和生活品質下降，社會每年蒙受重大經濟損失 [25]。

然而，人們對老的歧視是高度性別化的。在年齡歧視的社會中，老年女性面臨更多的困難，成為主要受害者中的受害者（Duncan & Loretto, 2004）。對女性來說，老往往是年齡歧視和性別歧視交互形成的雙重傷害，她們比男性更年輕的時候就遭受年齡歧視，受歧視程度也比男性更嚴重（Fineman, 2011）。這種

25　https://www.who.int/teams/social-determinants-of-health/demographic-change-and-healthy-ageing/combatting-ageism

現象稱之為「性別化年齡歧視」（gendered ageism），是指女性和男性所面臨的年齡歧視的差異（Beaton, 2018）。

Itzin 和 Phillipson（1993）研究指出，年齡歧視並不是孤立於其他類別而單獨運作，女性在年輕時期價值的「性化」就是一個明顯的證明。他們得出結論：性別本身不足以解釋婦女在組織中所經歷的歧視（Itzin and Phillipson, 1995: 91），並且聲稱性別化的年齡歧視，常常構成了組織文化的核心部分。他們發現在招聘、職業和養老金方面的性別化年齡歧視，這也意味著婦女在就業和晉升方面，都有基於年齡和性別歧視而產生的「玻璃天花板」。

一些女性主義研究者（Arber & Ginn,1991；Duncan & Loretto, 2004），將性別化的年齡歧視定義為一種雙重危險。所有年齡段的女性，比男性更容易在勞動力市場上，經歷基於外表和性行為的年齡歧視。老年婦女的歧視往往是基於根深蒂固的文化和社會偏見。老年婦女的權利可能在個人層面，或在機構層面，透過各種形式的歧視而受到侵犯。性別不平等在婦女一生中的影響明顯反映在老年時期，它往往導致不公平的資源配置、虐待、凌辱、暴力和阻止獲得基本服務。在許多情況下，她們被邊緣化，被剝奪了在平等條件下參與社會、經濟、文化和政治活動的權利（Ainsworth, 2002）。在性別化的年齡歧視中，這種雙重危險不但強化了父權規範的主導地位，加上強調年輕價值所造成的「抑老揚少」現象，導致老年婦女的地位比男性更快速惡化（Barrett & Naiman-Sessions, 2016）。

　　Spedale 等人（2014）分析就業法庭對一項因年齡和性別歧視指控的最終判決，認為年齡歧視的基礎是社會對年輕化意識形態的構建。這種意識形態被描述為透過關於「品牌刷新和年輕化」的話語來重現，並以這種方式掩蓋年齡歧視和性別歧視的事實，同時也將弱者邊緣化。因此，在對老年失業者的調查中，女性老年勞動者往往被忽略了（Ainsworth, 2002）。

　　作為一種不平等的對待，性別化的年齡歧視深深植根於制度。年齡作為一個定義社會關係的類別，產生各種基於年齡的不平等制度，其中之一是退休和養老金制度。許多實例都證明制度化的生命歷程，如何促成老年女性被邊緣化和歧視，這與年齡有關，也與性別有關。例如，養老金制度計畫的發展，促進養老金的個人化和私有化，卻加劇性別不平等（Leitner,2001）。退休制度是以男性為主體所設計（Calasanti, 2006），在這種情況下，不受質疑的父權規範（Grady, 2015）在社會政策中往往被忽略。其中男性和女性的不同生活和工作經歷，導致相當大的性別養老金差距（Foster & Smetherham, 2013）。

　　「性別化年齡歧視」的方式和過程可能是隱蔽的，也可能是直接的。當她們申請工作，年長的女性候選人經常被拒絕，她們被描述為「資格過高」或「經驗太豐富」，或認為老年婦女缺乏技術技能，或不能好好與年輕員工相處（Handy & Davy, 2007）。

　　在高齡的世界裡，儘管女性占大多數，並且比男性擁有更長的預期壽命，但她們卻經歷著性別和年齡雙重歧視，不管是在工

作場所或日常的生活世界。研究指出，老年男性和年輕人比老年
女性更受重視（Barrett & Nauman-Sessions, 2016），特別是在機
構裡。婦女在勞動力市場上何時開始被認為是「老了」而遇到困
難，在研究文獻中並沒有達成共識，這可能發生在她們 50 歲的
時候（Moore, 2009），甚至更早，當她們只有 40 歲時（Fineman,
2014）。證據顯示，隨著年齡的增長，女性占據管理職位或高職
位的可能性更低。數據顯示，43.4% 的管理職位由 16 至 29 歲的
婦女擔任；39.5% 由 30 至 49 歲的婦女擔任；31.6% 由 50 至 59
歲的婦女擔任，只有 31.3% 由 60 歲或以上的婦女擔任（McKie
&Jyrkinen, 2017）。

　　老年婦女面臨的歧視不僅與年齡有關，還與身體外貌有關
（Jyrkinen, 2017; Krekula, etc., 2018）。根據在芬蘭進行的一項
研究指出，婦女感到她們的外表、服裝和行為，在工作場所內外
都受到不斷的監視。因此，她們必須採取應對和自我管理策略
（McKie & Jyrkinen, 2017）。對高齡婦女而言，老化帶來了額外
的挑戰，她們必須保持精力充沛和看起來年輕，以提高在工作環
境的形象。在這種環境下，女性經常參與抗衰老策略，包括美容、
整形、運動和節食（McKie & Jyrkinen, 2017）。她們明白，她們
必須控制自己的衰老，並找到成功老化和避免衰退的方法，才能
維持自己的地位（Trethewey, 2001）。

　　因此，婦女常常必須進行一種隱藏性的鬥爭，花費更多的時
間、金錢和精力，試圖透過各種抗老策略，來改善她們的身體外
貌，不只為了吸引或維繫親密伴侶，也是為了滿足工作場所的要

求（Clarke & Griffin, 2008）。例如，在服務業，往往強調外貌和年輕，一些婦女很容易因為不符合「理想的專業形象」，而被排除在外。對男性來說，只要在能力和體力表現即可，無關外貌（McGann, 2016）。

　　在台灣很少針對「性別化年齡歧視」進行研究與探討。但依據根據財政部統計，民國 103 年國人遺產登記拋棄繼承人數共計 47,835，女性所占比例為 56.9%，顯示拋棄繼承以女性居多數，與 2013 年相較，女性拋棄繼承比重上升 0.3 個百分點。而贈與的統計數據則顯示，2014 年贈與受贈人數共 25 萬 1,981 人，其中男性 15 萬 5,887 人，占 61.9%，女性僅占 38.1%[26]。

　　近年，依據財政部統計，108 年遺產稅實徵案件共 9,285 件，男性被繼承人占 63.8%，顯示有遺產者以男性居多數，且較 107 年增加 0.2 個百分點。遺產總額按被繼承人性別分，男性之遺產總額占 72.0%，高於女性之 27.0%，為女性之 1.8 倍。遺產淨額按被繼承人性別分（遺產總額減除扣除額及免稅額），男性之遺產淨額占 73.2%，亦高於女性之 26.8%[27]。

　　民國 108 年國人遺產登記拋棄繼承人數共計 6 萬 4,620 人，其中男性 2 萬 8,635 人（占 44.3%），女性 3 萬 5,985 人（占 55.7%），顯示拋棄繼承者以女性居多數，與 107 年比較，女性

26　file:///C:/Users/mingl/Downloads/a2110.pdf

27　https://www.mof.gov.tw/singlehtml/285?cntId=55d36c8da8f44a158ba3e800b4
　　6c2488

拋棄繼承比重下降 0.5 個百分點，與 103 年比較下降 1.1 個百分點。在民法已規定女兒同樣享有繼承權的現狀下，為什麼女性拋棄繼承權的比例仍較男性為高，而受贈與的比例則較男性低，顯示社會仍存在「重男輕女」、「土地房屋留給兒子」等傳統觀念。

另外，考試院 2021 年的性別統計指標顯示，109 年底全國公務人員具簡薦委任（派）官等之人數，總計 196,307 人，其中男性占 43.3%，女性占 56.7%，女性高於男性 13.4 個百分點。若依官等觀察，委任（派）男性比率為 43.6%，女性 56.4%，薦任（派）男性比率為 41.7%，女性 58.3%，此二官等女性比率皆超越男性，但是簡任（派）官等之性別比率，則男性為 62.8%，女性為 37.2%，女性比率低於男性 25.6%（如表 3.9、圖 3.5）。而且，全國公務人員擔任主管之人數為 58,080 人，其中男性占 59.6%，女性占 40.4%，男性高於女性 19.2 個百分點[28]。

表 3.9　109 年底公務人員性別比率──按官等別分

性別 簡薦委任（派）	男性	女性
總計	43.3	56.7
簡任（派）	62.8	37.2
薦任（派）	41.7	58.3
委任（派）	43.6	56.4

資料來源：考試院

28　https://www.exam.gov.tw/cl.aspx?n=649

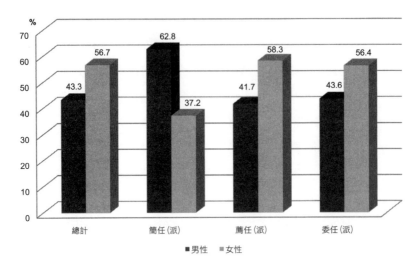

圖 3.5　109 年底公務人員性別比率——按官等別分
（資料來源：考試院）

肆、老年婦女權益的維護

全球老年人口快速成長，從人口統計資料顯示，女性不但占了多數，平均餘命也比男性長。然而，比起老年男性或年輕女性，老年女性顯然是相對的弱勢。由於性別和年齡的雙重歧視，老年婦女常遭受忽視、虐待或暴力。一些生活上的基本權利，如經濟、健康、居住，也都常面臨許多障礙。因此，如何維護、增進老年婦女的權益，是高齡化社會的重大議題和挑戰。

聯合國為了維護婦女權益，促進性別平等，1946 年 6 月 21 日安理會第 11 號決議，成立「婦女地位委員會」（The

Commission on the Status of Women，簡稱 CSW），作為經社理事會的執行委員會，就婦女在政治、經濟、公民、社會和教育等領域權利的改善，提出建議和報告。

「婦女地位委員會」成立以來，展開了一系列提高婦女地位，維護婦女各項權益的重要活動。1949 年制定《婦女政治權利公約》，於 1952 年經聯合國大會通過。其他具有法律約束力還有：1956 年的《廢止奴隸制、奴隸販賣及類似奴隸制的制度與習俗補充公約》、1956 年的《國外扶養費收取公約》、1957 年《已婚婦女國籍公約》和 1962 年的《關於婚姻的同意、結婚最低年齡及婚姻登記的公約》、1976 年制定《消除對婦女一切形式歧視公約》。為了迎戰貧富差距、氣候變遷、性別平權等議題，2015 年聯合國啟動「2030 永續發展目標」（Sustainable Development Goals, SDGs），提出 17 項全球政府與企業共同邁向永續發展的核心目標，SDG 目標 5 旨在「實現性別平等，並賦予婦女權力」。其中，最具決定性影響力的應屬《消除對婦女一切形式歧視公約》。

一、《消除對婦女一切形式歧視公約》

《消除對婦女一切形式歧視公約》[29]（Convention on the Elimination of All Forms of Discrimination Against Women 簡

29　https://www.un.org/womenwatch/daw/cedaw/

稱 CEDAW）為聯合國第二大人權公約，僅次於兒童權利公約。CEDAW 於 1979 年經聯合國大會（United Nations General Assembly）通過，並於第二屆世界婦女大會的會議中，舉行公約的簽訂儀式，1981 年正式生效。全球共有 187 個國家簽署，將近百分之九十以上的國家，都是 CEDAW 的締約國。我國在 2007 年獲准簽署加入，成為非正式的締約國之一，並且在 2011 年制定「消除對婦女一切形式歧視公約施行法」，2012 年起施行。

如今，CEDAW 已成為國際共識的女性人權標準，對女性在各個生活領域全方位權益的直接宣示與保障，不僅要求締約國政府移除所有妨害女性在公、私領域行使人權的阻礙，還需修訂法律、政策以保證女性得享完整人權，達到實質性別平等的目標，是以 CEDAW 常被稱為「國際女性權利法案／國際婦女人權法典（International Bill of Rights for Women）」或「婦女公約（The Women's Convention）」，為聯合國人權條約系統核心的重要一環。

CEDAW 的內容清楚說明男女皆平等享有一切經濟、社會、文化、公民和政治權利；締約國應採取立法及一切適當措施，消除對婦女之歧視，確保男女在教育、就業、保健、家庭、政治、法律、社會、經濟等各方面享有平等權利。CEDAW 委員會並且會就國家報告與替代報告中，顯示出世界各地女性共通面對之困境或新興議題提出「一般性建議」。至 77 屆會議，已建制 38 項「一般性建議」，納入了 1970 年代尚未普遍的重要女性人權事項。其中，專對老年婦女權益的主張或保障，始於 1999 年，第二十

屆會議第 24 號一般性建議，在性別議題中顯現了「年齡意識」。

　　CEDAW 1999 年 24/6 一般性建議指出，雖然男女的生物學差異可能導致健康狀況的差別，但是也有一些社會性的因素，對男女的健康狀況有決定作用。這些因素在婦女相互之間也可能各個有差別。因此，應特別重視脆弱群體和處境不利群體婦女的保健需求與權利，如：移徙婦女、難民和國內流離失所婦女、女童和老年婦女、性工作婦女、原住民婦女，以及體障和弱智婦女。

　　另外在 24/24 一般性建議也指出，委員會對老年婦女的保健服務狀況表示關切，這不僅是因為婦女通常比男性更長壽，和更容易失能及罹患慢性病，如骨質疏鬆和失智症，還因為她們往往有責任照料年齡越來越大的配偶。因此，各締約國應採取適當措施，確保老年婦女能享受保健服務，以應付與老化有關的各種失能與障礙。

　　此後，2002 年 7 月 5 日第 26 號決定，委員會確認公約「是處理高齡婦女人權特殊問題的重要工具」。關於公約第 4 條第 1 項的第 25 號一般性建議，也承認年齡是婦女可能遭受多重歧視的原因之一。委員會特別確認，為使高齡婦女的處境受到更好的評估，按年齡和性別分列的統計數據便有蒐集之必要。對此，消除婦女歧視委員會對高齡婦女所經歷多種形式的歧視，以及締約國報告中對於高齡婦女的權利未作系統性闡述而表示關切，並於 2008 年 10 月 20 日至 11 月 7 日舉行的第四十二屆會議，根據《消除對婦女一切形式歧視公約》第 21 條，決定通過關於高齡婦女問題和保護其人權的一般性建議。以至於，在 2010 年第四十七

屆會議第 27 號對高齡婦女及其人權，提出更完整的一般性建議。

二、CEDAW 第四十七屆會議（2010）第 27 號一般 性建議 [30]

　　CEDAW 指出，由於生活水準提高、基本醫療保健系統的改善、生育率下降，以及壽命的延長，導致人口面臨空前的高齡化，此發展趨勢將持續下去，使二十一世紀成為老化的世紀。然而，人口結構的變化也為人權帶來深刻的影響，使得以更全面和系統化的方式，依據公約解決高齡婦女所經歷的歧視問題，則變得更為緊迫。

　　第 27 號一般性建議係關於高齡婦女和增進其權力之事宜，對公約相關條款及高齡化問題之間的關係進行探討。其中指出婦女隨著老化而面臨多種形式的歧視，針對有尊嚴的老化和高齡婦女的權利，締約國所應承擔的義務內容，包括政策建議，以便將關切高齡婦女的應對措施納入國家戰略、發展措施和積極的行動中，從而使高齡婦女得以不受歧視的與男性平等充分參與社會。一般性建議並指導各締約國應將高齡婦女的處境問題，納入其關於公約執行情況的報告中。惟有充分尊重和保護高齡婦女的尊嚴、完整性和自我決定的權利，方能實現消除對高齡婦女一切形式的歧視。

30　http://www.cedaw.org.tw/tw/en-global/news/index/3

　　本次建議特別關切高齡婦女和歧視，其內容包括消除刻板印象、暴力、參與公共生活、教育、工作和年金福利、健康、增強經濟能力、社會服務、農村和其他弱勢高齡婦女、婚姻和家庭生活。一般性建議共 53 項，除 1-10 項敘明引言、背景與目標之外，其他 11 至 53 對高齡婦女權益的一般性建議，如下 [31]：

11. 男女皆會隨著老化而受到歧視，但高齡婦女的老化情況不同。其一生中所經歷的性別不平等於老年時更為加重，且常常是建立在根深蒂固的文化和社會準則的基礎上。高齡婦女所經歷的歧視，往往肇因於不公平的資源分配、虐待、忽視和僅獲得有限的基本服務。

12. 在不同的社會經濟條件和文化環境下，對高齡婦女歧視的具體形式會有相當大的差異，取決於在教育、就業、健康、家庭和私人生活的機會平等和選擇平等。許多國家由於缺乏資訊技能、充足住房、社會服務網絡、孤獨和與他人隔絕等，為高齡婦女加諸困擾。生活在農村和城市貧民窟的高齡婦女，往往嚴重缺乏維生的基本資源、收入保障、醫療保健的管道，以及關於應享福利和權利的資訊。

13. 高齡婦女所經歷的歧視往往是多方面的，年齡因素使基於性別、族裔、身心障礙、貧困程度、性取向和性特徵、移民地位、

---

31 引自「CEDAW 資 訊 網 」，http://www.cedaw.org.tw/tw/en-global/news/detail/74

婚姻和家庭狀況、文化程度及其他原因的歧視更加複雜化。少數群體、少數民族或原住民、國內流離失所或無國籍的高齡婦女常常受到過度的歧視。

14. 許多高齡婦女被忽視，原因出自不再被認為於生產、生殖方面可發揮有益的作用，而被視為家庭的負擔。守寡和離異則進一步加重歧視，而缺乏或有限的疾病醫療保健服務，又阻礙高齡婦女充分享有人權，該等疾病包括：糖尿病、癌症（尤其普遍發生於高齡女性的癌症）高血壓、心臟病、白內障、骨質疏鬆、阿茲海默症等。

15. 惟有藉由整個生命週期，承認和著眼婦女生命的不同階段：童年、青少年、成年、老年，及各階段對高齡婦女享有人權的影響，方能實現婦女的充分發展和進步。公約中規定的權利，適用於婦女生命的所有階段。但在許多國家，於個人、制度和政策層面上，年齡歧視仍被容忍和接受，幾乎沒有禁止基於年齡歧視的立法。

16. 關於性別的刻板印象、傳統慣例和風俗習慣，對於高齡婦女、特別是身心障礙高齡婦女的生活各方面皆產生有害影響，包括家庭關係、社區角色、媒體形象、雇主態度、醫療和其他服務的提供者等，造成肢體暴力及心理、言語和經濟方面的虐待。

17. 對高齡婦女的歧視，往往表現在缺乏機會以阻礙其參與政治和決策。部分國家不允許高齡婦女組織、參加社團，或其他非政府組織而為己身權利進行宣傳。此外，包括在國際場合

代表政府的婦女，其強制退休的年齡比男性低，這對婦女可能構成歧視。

18. 具有難民身分、無國籍、尋求庇護，以及移工或國內流離失所的高齡婦女，經常面臨歧視、虐待和忽略。被迫流離失所或無國籍狀態影響的高齡婦女，可能受創傷後壓力綜合症之苦，而又不受醫療保健提供者所承認或治療。高齡難民和國內流離失所的婦女，其獲得醫療保健的機會有時受到剝奪，因為其並無法律地位或法律文件、被安置的地點遠離醫療保健設施，或在取得服務時面臨文化和語言障礙。

19. 雇主常認為對高齡婦女的教育和職業培訓無利可圖。高齡婦女缺乏平等的學習機會，也無以獲得現代資訊技術。許多貧困的高齡婦女，特別是身心障礙和生活在農村者，被剝奪受教育的權利，因此極少或根本沒有人受過正規、非正規教育。高齡婦女若為文盲或缺乏計算的能力，將嚴重限制其充分參與公共和政治生活、經濟、獲得一系列的服務、權利和參與娛樂活動。

20. 婦女在正規就業部門的人數較少。同樣或等價值的工作，婦女得到的報酬往往比男性少。就業方面，終其一生基於性別的歧視，到了老年則產生累積影響，迫使高齡婦女面對與男性相較而過低的收入和養老金，甚至沒有養老金。此外，高齡婦女特別受到基於年齡和性別歧視的影響，造成與男性不同的強制退休。婦女應享有具選擇性的退休年齡，以便保護其繼續工作的權利任其選擇，並適用與男性平等以累積退休

金福利。許多高齡婦女照料受撫養的幼小兒童、配偶／伴侶、父母或親屬，且有時是唯一的照料者。該等無薪照料的成本和情感很少獲得承認。

21. 高齡婦女在衛生保健方面的自我決定和同意權，並非總是得到尊重。為高齡婦女所提供的社會服務，包括長期照護，在公共開支削減時可能被過度減少。停經後、生產後，和其他與年齡相關、針對性別身心狀況和疾病往往被研究、學術、公共政策機構和服務提供者所忽視。關於性健康和愛滋病毒／愛滋病，卻甚少為高齡婦女提供可接受、可獲取且適當的資訊。許多高齡婦女沒有個人健康保險，或被排除在國家提供的保險計畫之外，因為她們在非正規部門工作期間，或在提供無薪照料期間，並未繳交保險費。

22. 高齡婦女若非照料孩子的家長或法定監護人，可能就不具申請家庭福利的資格。

23. 小額貸款和融資計畫通常有年齡限制或其他條件，使高齡婦女無法獲得。許多高齡婦女，尤指活動範圍限於家中的高齡婦女，無法參與文化、娛樂和社區的活動，使其與世隔絕而對健康產生負面影響。對於獨立生活所需的注意往往不夠，例如：個人協助、適足住房，包括無障礙居家設計，和行動輔助等。

24. 在許多國家，多數高齡婦女居於農村地區，由於年齡和貧困，在獲取各種服務更是難上加難。許多高齡婦女未能由身為移工的子女獲得定時、充足的匯款，甚至付之闕如。對於許多

貧困農村高齡婦女而言，被剝奪用水、糧食和居住權則是司空見慣。年長婦女因糧價高漲，和就業、社會安全、資源方面的歧視而收入不足，因此高齡婦女無法購得正常飲食。缺乏交通方式則阻礙高齡婦女取得社會服務或參與社區和文化活動。而該等缺乏可能是由於高齡婦女的低收入，以及缺乏充分的公共政策提供廉價方便的大眾交通，以滿足高齡婦女的需求。

25. 氣候變遷對於婦女，尤指高齡婦女造成不同的影響與衝擊，由於生理和生物上的差異，以及社會準則和社會角色，造成其於面對自然災害時，處於特別不利的地位。她們獲得資源和參與決策進程的機會有限，更加重面對氣候變遷時的脆弱性。

26. 根據成文法和習慣法，婦女在其配偶死亡時，無權繼承、處分婚姻財產。部分法律制度從死者的全部資產中，為遺孀提領贍養費，基此認為已提供其他經濟安全途徑。但在現實中，該等規定很少得到執行，遺孀常一無所有。部分法律對高齡婦女特別歧視，使遺孀成為「財產搶奪」的受害者。

27. 高齡婦女在未經其同意下，將其法律能力委託給律師或家庭成員時，特別容易受到剝削和虐待，包括經濟虐待。

28. 委員會的第 21 號一般性建議（1994 年）指出，「一夫多妻制婚姻違反婦女與男性平等的權利，對婦女及其撫養者造成嚴重的情感和經濟後果，該等婚姻應予以勸阻和禁止」。然而，一夫多妻制仍在許多締約國實行，許多婦女生活在一夫

多妻的家庭中。在一夫多妻的婚姻中，高齡的妻子一旦被認為不再具有生育能力、無法從事經濟活動，就往往受到忽視。

29. 締約國必須承認高齡婦女係社會的重要資源，有義務採取包括立法在內的一切適當措施，以消除對高齡婦女的歧視。締約國應根據《公約》第 4 條第 1 款和委員會第 23 號（1997 年）、第 25 號（2004 年）一般性建議，採取具備性別敏感度和特定年齡的政策及措施，包括暫行特別措施，以確保高齡婦女有效充分參與政治、社會、經濟、文化和公民生活，及其社會的任何其他領域。

30. 締約國有義務確保無論在和平或衝突時期，以及在任何人為或自然的災害情況下，婦女於其全生命週期內充分發展和進步。因此，締約國應確保所有規範婦女的充分發展和進步的法律條款、政策和干預措施，皆不得歧視高齡婦女。

31. 締約國的義務應考量對婦女歧視的多元性，並確保兩性平等原則在立法及其實際執行都適用於婦女的整個生命週期。就此，促請各締約國廢除或修改歧視高齡婦女的現行法律、法規和風俗習慣，並確保立法禁止基於年齡和性別的歧視。

32. 為支持法律改革和政策制定，促請締約國蒐集、分析和散布依據年齡和性別分列的資料，以便瞭解高齡婦女的狀況，包括生活在農村、衝突地區、屬於少數群體，和身心障礙高齡婦女的狀況。該等資料應將重點特別放在貧困、文盲、暴力、無薪工作、遷徙、取得健康照護、居住、社會和經濟福利和就業等問題上。

33. 締約國應為高齡婦女提供關於其權利以及如何獲得法律服務的資訊。應為員警、司法人員，以及法務人員提供關於高齡婦女權利方面的培訓，強化政府當局和機構關於影響年長婦女的年齡、性別議題。必須使高齡的身心障礙婦女得以平等瞭解和獲得資訊、法律服務、有效的補救措施和補償。

34. 締約國應使高齡婦女對其權利、包括處分財產、受侵犯時能尋求補救和解決，並確保高齡婦女不會基於任意或歧視性的理由而被剝奪法律能力。

35. 締約國應確保氣候變遷和減災措施能回應性別並具備敏感度，以照顧高齡婦女的需求和脆弱性。締約國且應協助高齡婦女參與關於氣候變遷的緩解，以及適應問題的決策。

36. 締約國有義務消除消極的刻板印象，改造對高齡婦女存有偏見和有害社會的文化行為模式，以減少高齡婦女，包括高齡身心障礙婦女，由於消極的刻板印象和文化慣例，而遭受的肢體、性、心理、言語和經濟的虐待。

37. 締約國有義務起草立法，承認並禁止對高齡婦女、包括高齡身心障礙婦女的暴力，涵括家庭暴力、性暴力和體制環境下的暴力。締約國有義務調查、起訴和懲罰所有對高齡婦女的暴力行為，包括由於傳統習俗和信仰所為者。

38. 締約國應特別注意在武裝衝突期間高齡婦女所遭受的暴力、武裝衝突對高齡婦女生命的衝擊，與高齡婦女對和平解決衝突及重建所為的貢獻。締約國在處理性暴力、被迫流離失所，和武裝衝突期間的難民狀況，應充分考量高齡婦女的處

境。締約國在處理該等問題時，應考慮關於婦女與和平安全
問題的相關聯合國決議，包括安理會第 1325 號（2000 年）、
1820 號（2008 年）和 1889 號（2009 年） 決議。

39. 締約國有義務確保高齡婦女有機會參與公共和政治生活，以
及擔任各級公職，且高齡婦女具備所需證件以進行投票或擔
任候選人。

40. 締約國有義務確保所有年齡層的婦女，在教育領域中機會平
等，並確保高齡婦女能獲得成人教育和終生學習機會，及關
於本人和家庭幸福所需的教育資訊。

41. 締約國有義務使高齡婦女便於參與有薪酬的工作，不因其年
齡和性別而受到歧視。締約國應確保特別注意解決高齡婦女
在工作中可能面臨的問題，確保其不受強迫提前退休或陷入
類似的境況。締約國亦應監測與性別有關的工資差距對高齡
婦女的影響。

42. 締約國有義務確保公、私立部門不針對婦女的退休年齡懷有
歧視。因此，締約國有義務確保退休金政策並無任何形式的
歧視，即使婦女選擇提前退休亦然，並且所有參與工作的高
齡婦女皆有充足的退休金。為保證該等的退休金，締約國應
採取一切適當的措施，包括必要時的臨時特別措施。

43. 締約國應確保高齡婦女，包括負有照料兒童責任者，能獲得
適當的社會和經濟福利，例如：照料兒童福利，以及在照料
父母和親屬時，獲得一切必要的支助。

44. 締約國應為其他退休金或收入保障不足的婦女，提供適當、

與男性平等的非提撥式年金，且協助高齡婦女，特別是生活在偏遠和農村地區者，獲得國家資助的津貼。

45. 締約國應採取全面的健康照護政策，以根據委員會關於婦女和健康的第 24 號一般性建議（1999 年），保護高齡婦女的健康需求。該等政策應確保酌情通過免除費用、對醫務人員進行高齡醫學疾病培訓、為與年齡相關的慢性病和非傳染病提供藥物治療、長期的醫療和社會照料（包括得以獨立生活與緩和照料），以確保所有高齡婦女皆能獲得實惠的醫療保健。提供長期保健應包括促進行為和生活方式改變的干預措施，以減緩健康問題的發生（例如：補充健康營養和積極的生活方式）、提供實惠的醫療保健服務，包括篩檢和治療疾病，尤其是高齡婦女最常見的疾病。衛生政策亦必須確保為高齡婦女、包括高齡身心障礙婦女提供醫療保健，係建立在相關人員的自由、知情同意的基礎上。

46. 締約國應採取專門針對高齡婦女的身心、情緒和健康所需的特別方案，關注少數群體和身心障礙婦女，以及因年輕家庭成員出外工作而承擔看顧受撫養的孫輩與其他幼小成員，以及照料患有愛滋病或受愛滋病毒感染的家庭成員的婦女。

47. 締約國有義務消除在經濟和社會生活中，對高齡婦女一切形式的歧視。一切基於年齡和性別而對於獲得農業信貸和貸款的障礙者皆應取消，並應確保高齡女性農民和小土地所有者能獲得適當的技術。締約國應提供特別的支助系統和免擔保小額信貸，鼓勵高齡婦女從事小規模創業。應為高齡婦女設

立娛樂設施，並向居家的高齡婦女提供外展服務。締約國應
提供適當的交通方式，使高齡婦女、包括生活在農村者，得
以參加經濟和社會生活，包括社區活動。

48. 締約國應採取必要措施，確保高齡婦女能獲得滿足其特殊需
求的適足住居，且所有阻礙高齡者行動並導致其足不出戶的
障礙，無論是建築或其他原因皆應拆除。締約國應提供社會
服務，使高齡婦女在家盡可能長久獨立生活。應廢除影響高
齡婦女住居權、土地權和財產權的法律和慣例。締約國亦應
保護高齡婦女免於被迫離開家園而無家可歸。

49. 締約國應確保將高齡婦女納入城鄉發展規劃進程並擔任代
表。締約國應確保為高齡婦女提供廉價的水、電和其他公用
事業。政策應確保提供普及的相關技術，提高安全飲水和充
足衛生設備的覆蓋率，且不需過多的體力耗費。

50. 締約國應採用適當的性別及年齡敏感的法律和政策，以確保
對具有難民身分或無國籍的高齡婦女、國內流離失所或移工
的高齡婦女等提供保護。

51. 締約國有義務廢除所有在婚姻領域和婚姻關係解除時，於財
產和繼承方面對高齡婦女歧視的立法。

52. 締約國必須廢除在財產和繼承方面對高齡寡婦歧視的立法，
並保護其免受土地爭奪之害。必須採用與根據公約所賦予義
務相一致的無遺囑繼承法。此外，應採取措施終止強迫高齡
婦女違背其意願再婚的做法，並確保繼承不以強迫與已故丈
夫的兄弟或任何其他人結婚為條件。

53. 締約國應根據第 21 號一般性建議，勸阻和禁止一夫多妻婚姻，並確保在一夫多妻的丈夫死亡時，其遺產在其各妻子及其相關子女之間平等分配。

伍、「人權觀察」老年婦女人權的獨立報告

　　在人口老化的趨勢中，老年婦女的權益越來越受到「聯合國人權理事會」（United Nations Human Rights Council）的重視。為了檢視老年婦女不同的老化經驗，以及她們所面對的問題和挑戰，特別是歧視和不平等對老年婦女的影響。2021 年「聯合國人權理事會」邀請國家和地方政府、聯合國機構、國家人權機構、非營利組織、公民團體、學術單位和個人，針對老年婦女的人權問題提出獨立報告 [32]。

　　為此，國際非政府組織「人權觀察」（Human Right Watch）基於對影響老年婦女人權問題的研究，包括家庭暴力、虐待、老年人居住機構的忽視、武裝衝突期間的虐待以及健康差異，2021 年 4 月 16 日向「聯合國人權理事會」提交「老年婦女的人權」（The human rights of older women）獨立報告，內容包含對老年婦女的暴力、養老院中的老年婦女、武裝衝突和人道主義緊急情況下的老年婦女，以及獲得醫療服務的機會等四大類，

32　https://www.ohchr.org/EN/Issues/OlderPersons/IE/Pages/cfi-human-rights-of-older-women.aspx

除了背景說明外，並提出具體建議 [33]：

一、對老年婦女的暴力

背景說明：

老年婦女可能面臨更高的家庭暴力風險，由伴侶、成年子女、或與他們一起生活的其他家庭、或來自照顧者的暴力。世界衛生組織將針對老年人，包括老年婦女的暴力視為身體、心理和性暴力、經濟虐待和忽視。這種暴力可能發生在但不限於家庭、長期護理設施和網路。在一些地方持續時間較長或專門針對老年人的 Covid-19 禁閉令，可能會加劇暴力風險，並可能增加社會隔離和孤獨感，對家庭成員或其他照顧者的經濟依賴，以及照顧者的酒精和藥物使用。

由於資料收集不足，政府無法瞭解暴力侵害老年婦女行為的全部範圍。在某些情況下，蒐集的關於老年人的資料不包括按性別分列的訊息。在其他情況下，蒐集的關於暴力侵害婦女的資料不包括老年婦女。一些調查或資料蒐集只包括 18 歲至 74 歲的婦女。

在巴西，婦女、家庭和人權部熱線的數據資料顯示，與 2019 年同期相比，2020 年 1 月至 9 月，侵犯老年人權利的案件數量增加了 70%，包括虐待和暴露於健康風險。2020 年，針對老年人

33　https://www.hrw.org/news/2021/04/16/human-rights-older-women

的暴力在投訴數量上排名第三，僅次於針對婦女的暴力和針對兒童的暴力。在法國 3 月 Covid-19 封鎖的頭兩週，家庭暴力的報告增加了 30%。在中國，2020 年 2 月的家庭虐待和家庭虐待率比 2019 年 2 月增加了三倍。世界衛生組織東地中海區域辦事處指出，該地區婦女組織的家庭暴力熱線電話增加了 50% 至 60%，在大流行之前，該地區的暴力侵害婦女的流行率已經排名第二。

建議：

1. 政府應確保防止和補救對婦女的暴力行為的所有措施，包括追究肇事者的責任和確保正義，包括考慮到老年婦女潛在的獨特情況的具體政策和活動。
2. 各國政府應蒐集並公開提供關於暴力侵害老年婦女的數據，並包括按殘疾分類的數據。

二、養老院中的老年婦女

背景說明：

人權觀察記錄了美國和澳洲的養老院是如何經常給包括老年婦女在內的老年人，服用抗精神病藥物作為化學約束的方式。研究發現，平均而言，抗精神病藥物，幾乎使患有失智症的老年人的死亡風險增加了一倍。人權觀察在 2020 年和 2021 年對美國養老院的老年人（包括老年婦女）進行了研究，記錄了一些嚴重的問題，包括體重極度下降、脫水、未經治療的褥瘡、衛生條件不

足、精神和身體衰退，以及養老院居民不適當地使用精神藥物。
人員短缺是一個長期存在的問題，在大流行期間更是一個重大問
題，而且沒有家庭訪客，許多養老院依靠他們來幫助工作人員完
成基本任務，因而可能造成了忽視和衰退。

　　儘管人們對養老院住戶在大流行期間的待遇表示嚴重關切，
但美國有 32 個州通過了法律或行政命令，保護養老院在大流行
期間不承擔民事責任，使住戶或他們的親人更難就所稱的傷害起
訴養老院。人權觀察還記錄了對政府和機構在 Covid-19 大流行期
間缺乏透明度和明確的數據報告的擔憂。美國政府限制長期護理
監察員訪問設施，但例外情況有限，並在 2020 年 3 月至 9 月暫
停調查員的所有常規檢查，感染控制除外。美國政府還在大流行
期間放棄了一系列數據報告要求，包括人員配置和對養老院居民
的全面臨床評估，以及身體和精神健康和忽視指標。

建議：

1. 政府應確保所有寄宿機構，包括老年婦女居住的機構的透
   明度和有效監督，並確保在發生虐待、忽視、不適當使用
   藥物或其他問題時進行有意義的懲罰。

2. 政府應確保老年婦女，包括生活在寄宿設施中的老年婦
   女，能夠利用投訴機制、保護措施和司法。

3. 政府應確保提供優質、方便、負擔得起的以家庭和社區為
   基礎的服務，以便老年人，包括老年婦女，如果他們選擇
   在家生活，可以這樣做。

三、武裝衝突和人道主義緊急情況下的老年婦女

背景說明：

危機對婦女和女孩，包括老年婦女產生了性別化和不成比例的影響。人權觀察記錄了包括老年婦女在內的老年人，在武裝衝突和人道主義緊急情況下經歷的嚴重風險，因為他們在逃離和遠離危險方面存在獨特的障礙，而且危機發生前存在的支持結構，包括養老金制度也在退化。

人權觀察的研究發現，在亞美尼亞（Armenia）、喀麥隆（Cameroon）、中非共和國（The Central African Republic）、伊索比亞（Ethiopia）、幾內亞（Guinea）、馬利（Mali）、緬甸和南蘇丹等許多國家的武裝衝突中，老年婦女被政府軍和非國家武裝團體，任意拘留、施以酷刑、遭受性暴力和殺害，包括被活活燒死以及其他嚴重傷害。例如，在 2020 年亞美尼亞和亞塞拜然（Azerbaijan）之間的戰爭中，人權觀察記錄了亞塞拜然部隊非法拘留老年婦女的案件，使她們受到不人道和有辱人格的待遇。人權觀察在 2019 年發現，在喀麥隆英語地區持續的暴力事件中，殘疾人和老年人是被政府部隊和武裝分裂分子殺害、暴力攻擊或綁架的人。殘疾人，包括老年殘疾婦女和男子，面臨交戰方的攻擊和虐待，往往是因為他們無法逃離。

人權觀察記錄了由於委內瑞拉嚴重的人道主義危機而引起的老年人的人權問題，包括無法獲得足夠的食物、藥品、基本用品和醫療護理。許多人無法保證他們的養老金和其他退休福利。許

多人被迫逃到其他國家，在那裡他們可能面臨就業歧視和獲得養老金的障礙。居住在烏克蘭東部非政府控制區的老年人，包括老年婦女，因疾病、殘疾或年事已高而行動不便，在獲得養老金方面面臨巨大困難，或者根本無法獲得養老金。2014 年 11 月，烏克蘭政府停止資助俄羅斯支持的武裝團體控制的烏克蘭東部地區的政府服務。自那時起，當局要求居住在這些地區的人登記為流離失所者，並越過接觸線到政府控制的地區，以獲得其養老金。據烏克蘭議會人權專員稱，生活在這些地區的 120 萬養老金領取者中，有超過 45 萬人沒有領取養老金。

2020 年 3 月，為應對 Covid-19 大流行病，烏克蘭政府和俄羅斯支持的武裝團體，對居住在烏克蘭東部受衝突影響地區的人實施了旅行限制，進一步抑制了獲得養老金的機會，使許多人進一步陷入貧困。

建議：

1. 聯合國和聯合國會員國應採取行動，防止針對平民的暴力行為，採取政策減輕衝突和危機局勢中對婦女和女孩的過度傷害，並確保有效的保護和援助，包括對老年人的保護和援助。

2. 各國政府應確保陷入武裝衝突的老年人能夠獲得基本服務，不受阻礙地獲得包容性的人道主義援助，並在其權利受到侵犯時能夠得到補救。

3. 政府應確保人們能夠獲得其養老金，包括在武裝衝突和人

道主義危機期間。

四、獲得醫療服務的機會

背景說明：

　　人權觀察於 2017 年和 2018 年在美國南部阿拉巴馬州的一個地區進行了研究，該地區黑人人口居多，貧困率高，醫療保健系統差。人權觀察記錄了醫療服務提供者，未能向老年婦女推薦適當的子宮頸癌篩檢。子宮頸癌是全世界婦女最常見的癌症之一，但它是高度可預防和可治療的。在醫療保健系統發達的國家，預防、診斷和治療服務的進步已經降低了子宮頸癌的死亡率。然而，這些進展在所有群體中並不平等。

　　在美國，被邊緣化的婦女，包括有色人種婦女和那些低收入和沒有保險的婦女，面臨著不成比例的子宮頸癌發病率和死亡率。黑人婦女，特別是老年黑人婦女，尤其面臨風險，而且死於子宮頸癌的比例特別高。人權觀察在阿拉巴馬州的研究中，幾乎所有訪談過的婦女都描述了被建議定期進行子宮頸癌篩檢的情況，有些甚至比聯邦政府指南規定的頻率更高，只有一個明顯的例外：老年婦女。

　　人權觀察訪談了一些婦女，她們表示，在獲得適當的篩檢和後續護理方面存在障礙，包括因沒有穩定的醫療保險而產生巨大的經濟成本，無法找到當地的婦科醫生，或難以保證有便利的交通工具。農村婦女報告說，為了獲得基本的婦科護理，她們不得

不開車到很遠的地方，費用和負擔往往令人望而卻步。婦女們描述說，她們不得不在拯救生命的生殖保健和其他基本需求（如電力、藥品和食品）之間做出選擇。人權觀察最近在美國南部喬治亞州進行的研究，記錄了生活在農村地區的黑人婦女在獲得生殖保健方面的類似障礙，以及在 Covid-19 大流行期間獲得遠程保健服務的困難，特別是對於不熟悉或不習慣使用所需技術的老年婦女。

建議：

1. 各國政府應保護和促進健康權，確保每個人都能得到優質、方便和負擔得起的保健服務和訊息，不受歧視，包括老年婦女。
2. 各國政府應制定和實施政策，改善被邊緣化的婦女和老年婦女獲得優質保健的機會，這些政策應考慮到婦女在一生中可能經歷的不同類型和交叉形式的歧視和邊緣化，以及這些經歷如何對婦女產生累積效應並影響她們的健康。

陸、結語

從 1990 年代至今，在一些婦女團體的奔走下，我國性別平權發展已經有具體的成果，並且陸續建立一些性別平等法案，保障人民不因性別而受到歧視。例如，1996 年「民法親屬篇」的修訂，打破父權體制的藩籬；1997 年通過「性侵害犯罪防治法」、

1998 年通過「家庭暴力防治法」、1999 年增訂刑法中「妨害性自主」罪章，對「性侵害」的防治與「性自主」的建立，都有莫大的幫助。2002 年又通過「兩性平等工作法」（2008 年改為「性別平等工作法」）、2004 年頒行「性別平等教育法」、2005 年通過「性騷擾防治法」，大幅提升了女性的地位、實現性別平等的目標。如今，《性別平等工作法》及《性別平等教育法》，已成為我國推動性別平等的主要依據。

《性別平等工作法》共七章 40 條，內容包括性別歧視之禁止、性騷擾之防治、促進工作平等措施等等，然而，針對老年婦女的權益問題，除了第 11 條第一項規定：雇主對受僱者之退休、資遣、離職及解僱，不得因性別或性傾向而有差別待遇，稍有涉及之外，尚未對年齡的差異提出更明確的保護或主張。《性別平等教育法》共七章 38 條，立法的重點在性別平等的教育資源與環境，主要關注的是學習環境中的性別平等問題，其中更無涉及老年婦女的權益問題。

可見，我國在性別平等的立法、政策，仍然缺乏「年齡意識」，對老年女性並無特別的關注，一些相關性別平等的統計資料，很少針對年齡差異提出進一步分析，學術界也甚少有相關老年婦女權益的研究。事實上，性別歧視比我們想像的更加複雜，「性別化的年齡歧視」是新的性別歧視型態。比起老年男性，老年婦女往往因年齡和性別遭受雙重不平等的對待，造成生命的脆弱性和生活的邊緣化現象。

在高齡化的社會中，老年女性人口最多，平均餘命最常，老

化時間最久，如何讓老年婦女在平等條件下得到該有的權利，應是人口老化趨勢中，性別平等運動最大的挑戰。為保障老年婦女的權益，實現性別真正的平等，至少應在下列幾點採取具體的行動。

一、**基本權利**：政府應該制定具備性別和年齡敏感度的政策及措施，以確保高齡婦女有效充分參與政治、社會、經濟、文化和公民生活，及社會任何其他領域。國家或相關機構應為高齡婦女提供關於其權利，以及如何獲得法律服務的資訊，使高齡婦女得以平等瞭解和獲得資訊、法律服務、有效的補救措施和補償。

二、**資料蒐集**：政府及相關機構應定期蒐集、分析依據年齡和性別交叉檢視的統計資料，以便瞭解高齡婦女實際生活狀況，包貧困、暴力、無薪工作、健康照護、居住、社會和經濟福利和就業等問題。

三、**教育機會**：政府及相關機構應確保所有年齡層的婦女，在教育領域中機會平等，並確保高齡婦女能獲得成人教育和終生學習機會，及關於個人和家庭幸福所需的教育資訊。

四、**勞動參與**：政府及相關機構應特別注意解決高齡婦女在工作中可能面臨的問題，確保其不受強迫提前退休或陷入類似的境況，使高齡婦女便於參與有薪酬的工作，不因其年齡和性別而受到歧視。

五、**經濟安全**：政府及相關機構為確保參與工作的高齡婦女皆有充足的退休金，有義務確保退休金政策並無任何形式的歧

視，即使婦女選擇提前退休亦然。除了消除在經濟和社會生活中，對高齡婦女一切形式的歧視，並提供特別的資助系統和免擔保小額信貸，鼓勵高齡婦女從事小規模創業。（勞動部「微型創業鳳凰貸款」[34] 適用對象，雖然指稱是中高齡者，實則只提供年滿 20 歲至 65 歲女性。）

六、**醫療照顧**：為維護高齡婦女的身心健康，政府及相關機構應酌情提供免費或低價的醫療、養護和照顧服務、對醫務人員進行高齡醫學疾病培訓、為與年齡相關的慢性病和非傳染病提供藥物治療、長期的醫療和社會照料，並且為高齡婦女提供身心、情緒和健康所需特別方案，以確保所有高齡婦女皆能獲得實惠的醫療保健。

34　https://www.moeasmea.gov.tw/article-tw-2731-6652

參考資料

Ainsworth, S. (2002). The 'feminine advantage': A discursive analysis of the invisibility of older women workers. *Gender, Work and Organization*, 9(5): 579-601.

Arber, S. & Ginn, J. (1991). *Gender and later life: A sociological analysis of resources and constraints*. London, UK: Sage.

Barrett, A. E. & Naiman-Sessions, M. (2016). 'It's our turn to play': Performance of girlhood as a collective response to gendered ageism. *Ageing and Society*, 36(4): 764-784.

Beaton, Sophie (2018). Gendered Ageism in the Canadian Workforce: The economic, social and emotional effects of isolating older women from the workplace. Retrieved from Samuel Center for Social Connectedness Web site: http://www.socialconnectedness.org/wp-content/uploads/2019/02/Gendered-Ageism-in-the-Canadian-Workforce-1.pdf

Calasanti , T. M., Slevin, K. F. & King, Neal (2006). Ageism and feminism: From" et cetera" to center. *NWSA journal*, 18(1): 13-30.

Clarke, L. H. & Griffin, M. (2008). Visible and invisible ageing: Beauty work as a response to ageism. *Ageing and Society*, 28(05): 653-674.

DePaulo, Bella（2020, February 28）Living Alone: Men and Women, Young to Old, Around the World. *Psychology Today*. Retrieved from https://www.psychologytoday.com/intl/blog/living-single/202002/living-alone-men-and-women-young-old-around-the-world

Duncan, C. & Loretto, W. (2004). Never the right age? Gender and age-based discrimination in employment. *Gender, Work and Organization*, 11(1): 95-115.

Fineman, S. (2011). *Organizing age*. Oxford, UK: Oxford University Press.

Foster, L. & Smetherham, J. (2013). Gender and pensions: An analysis of factors affecting Women's private pension scheme membership in the United Kingdom. *Journal of Aging and Social Policy*, 25(3): 197-217.

Grady, J. (2015). Gendering Pensions: Making Women Visible. Gender. *Work and Organization*, 22(5): 445-458.

Handy, J. & Davy, D. D. (2007). Gendered ageism: Older women's experiences of employment agency practices. *Asia Pacific Journal of Human Resources,* 1: 85-99.

Itzin, C. & Phillipson, C. (1993). *Age Barriers at Work: Maximising the Potential of Mature and Older Workers.*Solihull, UK: Metropolitan Authorities Recruitment Agency.

Jyrkinen, M. (2017). Women managers, careers and gendered ageism. Scandinavian *Journal of Management*, 30(2): 175-185.

Leitner, S. (2001). Sex and gender discrimination within EU pension systems. *Journal of European Social Policy*, 11(2): 99-115.

McGann, James G. (2017, January 25). 2016 Global go to think tank index report. *TTCSP Global Go To Think Tank Index Reports*. Retrieved from https://repository.upenn.edu/cgi/viewcontent.cgi?article=1011&context=think_tanks

Pearce, D. (1978). The feminization of poverty. women, work and welfare. *Urban and Social Change Review*, 11(1-2): 28-36.

Sousa NFDS, Lima MG, Cesar CLG, Barros MBA. (2018). Active aging: prevalence and gender and age differences in a population-based study. *Cad Saude Publica*, 34(11): e00173317. doi: 10.1590/0102-311X00173317.

Spedale, S., Coupland, C. & Tempest, S. (2014). Gendered ageism and organizational routines at work: The case of day-parting in television broadcasting. *Organization Studies*, 35(11): 1585-1604.

Widhowati, Siwi Sri etc. (2020). Living alone, loneliness and depressive symptoms among Indonesian older women. *Health Care for Women International* , 41(9): 984-996.

第4章

高齡女性粉絲文化研究
高齡女性網路科技的運用與生活世界的擴展 [1]

壹、前言

「我是個媽媽粉，為了粉你，什麼都願意去學習。因為從我決定粉上你的那一刻開始，我就願意默默付出。只想看到你快樂、閃耀、幸福。」

「我一輩子沒追過星，70歲才追星，天天都要關照他幾回。」

「這輩子第一次追星，愛他就像是自己的兒子一樣。」

1 本章改寫自科技部研究計畫「老年女性網路科技的運用與生活世界的擴展—以黃致列粉絲團為例」（MOST 109-2629-H-128-001）之研究結果，在此感謝所有受訪者的協助，她們的熱情與活力，對我啟發至深。另外，也謝謝本案研究助理鄭安純的協助。

「誰說老了只能帶孫子，我追星過得多采多姿！」

「我這把年紀了，不管別人怎麼說，都要為自己而活。粉上致列，讓我感覺又年輕了一次。」

2016 年初，一些社群網站、社交媒體及網路論壇，出現一群自稱「大媽粉」、「媽媽粉」、或「奶奶粉」高齡女性的貼文，她們熱情地道出對韓國歌手黃致列的強烈愛意。她們說，粉上黃致列後，不但天天都很開心，日日都有盼望，生活也帶來種種變化。她們在社群中，激動的渲洩出幾近滿溢的炙熱情感，也希望召喚其他「已經這把年紀」女性的共鳴和迴響。因為，以她們這把年紀，竟然會迷上一個年輕偶像，跟著去追星，不僅自己感到很驚訝，身旁親友也往往不解而發出質疑。如今，她們以自身經驗，顛覆人們對老年生活的想像，也打破社會對老年的刻板印象。

歌手黃致列（1982 年 12 月 3 日－）出生於韓國慶尚北道龜尾市，自小喜愛唱歌、跳舞，在家鄉曾以舞者的身分小有名氣。26 歲那年，他懷著一個自稱「浮誇的歌手夢」，離開家鄉來到首爾，一心一意想成為專業歌手。他雖然曾經出過專輯，也唱過一兩首韓劇的原聲帶，但因經紀公司倒閉及其他大大小小的波折，始終載浮載沈，未能成為一線歌星。他曾經因為沒有穩定收入、手頭拮据，住在租金最便宜的半地下室、屋塔房，但始終沒有放下他的音樂夢；他撿了一架二手鋼琴，並靠著在書店用手機偷拍下來的樂譜自學歌曲；為了不被鄰居抗議，他在寒冷的冬天，冒

著風雪到郊外橋底下大聲練唱[2]；為了維持良好的體態與體能，他利用屋外簡便的工具，進行嚴格的身體鍛練；為了能在物價高昂的首爾生活，他除了自告奮勇去當唱片製作人或作曲家的免費助理外，還靠著教別人唱歌維持生計。這種刻苦艱難的生活，一直在等待機會，卻又看不到未來的日子過了九年。2015 年，33 歲那年，他以選手身份參加韓國 Mnet 音樂節目《看見你的聲音》，憑藉偶像的外貌與精湛的歌藝一鳴驚人，當天即登上韓國入口網站實時熱搜榜第一名，嚐到一夜成名的滋味。

　　2016 年 1 月，黃致列受邀參與中國湖南衛視《我是歌手第四季》歌唱競演，同年又參加中國芒果 TV 的《爸爸去哪兒》，這兩個在華人世界頗受歡迎，又擁有高收視率的節目，讓他成功打開華人市場。憑藉著帥氣外表、精湛的歌藝及舞技，更重要的是誠懇、謙遜、努力，又善於感恩的人格特質，加上蟄伏九年卻堅持不放棄的刻苦故事，廣受華人觀眾，尤其受到女性觀眾的喜愛與推崇。除了中國各大城市紛紛成立黃致列粉絲後援會，馬來西亞、新加坡、北美及台灣……，這些有廣大華人人口的地區，藉由 YouTube 及網路串流平台的播送，也吸引了眾多粉絲，並且紛紛在 Facebook、微信、LINE 等社群媒體上，成立了後援會分會及各地的粉絲團。黃致列微博粉絲數量，短短的一兩年間，從

2　黃致列曾於訪談節目中自述，由於沒有唱歌練習室，為免夜間練唱吵到鄰居，因此經常前往一座交通繁忙的大橋底下練唱，藉由嘈雜的交通聲音來蓋住自己的練唱聲。

0 衝到了 500 多萬[3]。更特別的是，黃致列的粉絲，雖然以女性占最大多數，但年齡跨度極大，從少女、中年、甚至七、八十歲的高齡女性，都占有一定比例。

這些散見於社群媒體中的高齡女性粉絲，很多人原本對於手機、平板及電腦這些智慧型設備並不熟悉，但為了給予喜愛的明星最有力的應援，她們透過子女或其他年輕粉絲的引導，慢慢進入了新傳播科技的世界。一些必須透過網路科技的粉絲勞動，例如投票、打榜、刷數據、衝流量……等等，她們也願意付出心力耐心學習，為這位她們視如親生兒子的偶像，傾盡心血以造就他的成功。

一般印象中，新傳播技術與媒介的運用，往往是青少年／女生活世界的特質與專精，偶像崇拜與追星也是青少年／女生活世界的流行，而今見到高齡者的身影參與其中，往往出乎許多人的意料。近年來，網路科技與新媒介技術的飛速發展，不但改變了粉絲的追星模式、應援方式，也大大改變了粉絲集結、粉絲影響力，及粉絲與偶像名人之間的關係，也相對提供了高齡者得以參與的契機。

追星或粉絲文化的發展，有其歷史進程。1940、50 年代，歌迷只能個別去參與貓王、披頭士的現場演唱會，聚眾狂熱過後各自返家，未能蔚成集體的文化形式。1960 年代以後，伴隨著西

3 　截至 2021 年 10 月 28 日，黃致列在微博的粉絲量已達 512.8 萬人。見：
　　https://weibo.com/p/1004065805304766/follow?relate=fans&from=100406&
　　wvr=6&mod=headfans&current=fans#place

方歷史上最著名的科幻電視劇《星際迷航》（*Star Trek*）出現的航迷（Trekkies），以其迷雜誌、藝術品、書信、服裝、紀念章、集會等方式，開始創造屬於自己的粉絲文化（盧燕，2017）。到了 1980 年代，MTV 電視台讓歌迷為 Madonna 歌曲「True Blue」製作音樂電視錄影帶（MTV），迷們還只能被動的等待電視的播出，或購買專輯、雜誌，以及參與可能一票難求的現場演唱會來接觸偶像（Fiske, 1989a）。

　　1990 年代及 21 世紀，尤其是網際網路發明之後，網路的便捷、互動、去中心化和低門檻的特徵，使得迷群的參與度大為提高，參與者付出的體力勞動成本（例如去唱片行購買專輯、漏夜排隊搶門票、舟車勞頓去聽在其他城市舉辦的演唱會…等等）大幅降低，智慧型通訊設備日趨友善的使用介面及強大的串連能力，讓這些本質上被科技、追星實踐長期忽略、邊緣化甚或排除的高齡者，反而有了參與及介入的空間。

　　然而，在多數人的刻板印象中，老年、科技、網路、情感從未有交織、匯集與融通的可能性，因而產生誤解、漠視的現象，看不出一種老年生活世界的新契機。在邁向超高齡化，人們卻普遍恐老、厭老，甚至仇老的社會裡，真實理解與描繪這群顛覆社會主流期待的老年生活，對貶低和歧視老年婦女的主流社會結構提出挑戰，突破關於老年生命的局限性想像，成為老年女性研究重要目的與意義。

貳、高齡者的網路科技運用與迷文化研究

　　網路與社交媒體的發展與普及，已是全球性的趨勢。根據《全球數位 2020 報告》（*Global Digital 2020 Reports*），全球網路和社交媒體的使用人口年年成長，2020 年時全球有 45 億網路用戶（2019 年時為 43.9 億，亦即一年之中增加了 1.1 億個用戶），世界上近 60% 的人口已經上網，而社交媒體用戶業已超過 38 億大關，而最新的趨勢表明，到 2021 年年中，世界總人口的一半以上將使用社交媒體。另根據 GlobalWebIndex 報導，社交媒體使用者平均每天花在社交平台上的時間為 2 小時 16 分鐘，約占他們上網總時間的三分之一，占他們清醒時生活時間的七分之一。

　　全球網路與社交媒體的使用人口逐年增加，而在台灣，高齡使用人口的成長較其他世代更為明顯。根據財團法人台灣網路資訊中心（TWNIC）的統計，12 至 54 歲的上網率差異不大，但 55 歲以上 [4] 台灣民眾的上網率一年來增加將近兩成，從 2018 年的 52.3% 增加到 2019 年的 71.7%；而在台灣民眾使用率最高

4　不論中外，關於高齡者的網路科技或社群媒體的使用情況，經常涵蓋於 50 或 55 歲以上的類別中，並未另外細分，因此難以獲得更貼近 60 或 65 歲以上高齡者使用的確切情況。一方面可能是因為相對於其他年齡段，60 歲以上的使用人口仍居少數，二方面也再度凸顯高齡者在網路科技及新媒介中遭到忽視與邊緣化的現況。再者，這些少數能取得的有關高齡使用者的數據中，也幾乎找不到性別的分類，因此無法取得有關老年女性的相關數據。

的前五項網路服務項目中，55 歲以上的使用率依序是：即時通訊 91.9%、網路新聞 83.7%、影音／直播 70.1%、電郵／搜尋 59.8%、社群論壇 51.3%。同一調查中，在 1,268 個樣本的調查結果顯示，59.4% 民眾家中有長輩[5]，其網路需求為 68.9%，長輩的網路需求則包含社交功能，包括使用通訊軟體 36.4%、看線上影音 34.0% 和使用社群網站 26.7%[6]。至於高齡使用者的性別分布數據，則付之闕如。

　　隨著網路與社交媒體的快速發展，網路、手機及社交媒體已然成為當今傳播科技研究的主要研究對象（Zhang, Liang, Huang & Liu, 2016），近十年來在「台灣期刊論文索引系統」及 SSCI 學術期刊資料庫中，以網路媒體或社群媒體為關鍵字的發表論文數量持續增加，研究主題涵蓋了社會、心理、文化、科技等層面（林淑芳，2017: 1）。

　　相對於使用率幾近飽和的年輕及中年族群，高齡者在網路科技與社群媒體的使用需求的成長至為明顯。在台灣，近幾年也有愈來愈多研究者開始關注中高齡者在社群網路、通訊軟體及社交媒體的行為研究，這些論文大多來自資訊管理或傳播學門，甚或視覺傳達設計學門，也有不少研究聚焦於特定媒介，例如 LINE 或 YouTube 高齡者的使用動機與使用經驗。然而這些關於中高齡

5　根據根據財團法人台灣網路資訊中心於該調查中的定義，長輩為同住長輩但不限制年齡。請參考：https://report.twnic.tw/2019。

6　該統計報告請見：https://report.twnic.tw/2019

者的網路、社群媒體的研究大量圍繞在「數位落差」的技術治理，包括中高齡者 LINE 使用動機、行為意象、使用經驗，以及其與網路社會支持、社交存在感與孤獨感之關係。除了少數幾篇為質性研究外，其他研究多數採量化取向，並具有強烈的功能主義範式預設，其研究的目的在於找出阻礙中高齡人口使用新媒介及網路平台的人口統計學因素和技術、社會原因，探尋促進向老年人傳佈以及推進「科技養老」、「智能養老」對策，老年人的新媒介科技使用往往被當成既定、天然的「問題」（王豔，2019）。

　　同時，對於網路平台、社群媒體使用這一充滿個性化、情境化的行為，這些研究都忽視了老年人群體內部的差異，例如性別、階級或地域差距而造成的異質性，更缺乏對高齡者在日常生活情境中，如何運用新網路通訊科技實現自我、擴展生活、社會互動和情感連結，甚或如何進一步促成個人解放或賦權之細緻考察。雖然自 2019 年起，台灣出現了幾篇從性別視角、或後女性主義的觀點分析社群媒體使用經驗與意義的研究（例如康庭瑜，2019a, 2019b；楊立行、許清芳，2019），但研究對象仍「理所當然」的聚焦於年輕使用者，雖然有豐富深入的性別觀點，但並未具有充份的年齡意識。

　　至於粉絲文化與追星實踐研究，長期都置於「迷文化」與「粉都」（fandom）（Fiske, 1992；Sandvoss, 2005）的研究傳統，1990 年代至今，已累積非常豐富多元的作品。在台灣，至少超過50 篇以迷或粉絲為題的碩士論文，內容涵蓋偶像崇拜、認同歷程、認同政治、消費與認同、情感經濟／粉絲勞動、追星實踐、

應援文化、跨國追星實踐、迷社群集資…等等，也有數篇論文討論網路科技及虛擬社群與迷群互動議題。然而，這些豐富有趣的主題，絕大多數是針對青少年，少數幾篇則涉及成年或中年粉絲，對於近來愈來愈活躍的高齡粉絲，則付之闕如。

　　粉絲研究對老年的漠視與忽略，一點也不令人驚訝。一方面，追星與偶像崇拜，向來都被視為青春男女的專屬，老年人一直都在年輕霸權下的流行文化中長期缺席。在老年的文化迷思裡，高齡女性更是被視為去性化（de-sexualized）與去情慾化（de-eroticized）的存有，於是，充滿著激情與愛戀、瀰漫著歡愉與狂喜的粉絲文化研究裡，往往無關老年，高齡女性粉絲總是隱藏在某個陰暗角落，不被看見。因此，我們無法從這群高齡粉絲的身上，看到了一種新的可能，一種顛覆主流性別規範及年齡規範的契機。

　　在迷文化研究中，最早研究粉絲文化的學者之一、經常被引述的 John Fiske（1989b: 47）指出，粉都（fandom）一開始就具有顛覆性，因為粉都的愉悅在於其顛覆力（subversivness），在於「產製個人社會經驗之意義的愉悅，以及迴避權力集團（power block）社會規訓的愉悅」。Bakthin（1968）也認為，粉都成為一個狂歡空間，允許了我們暫時顛覆現有的社會秩序。Dell（1998）的研究更指明了女性粉絲，如何公然反抗所有父權體制對女性特質的期望，逾越她們被設定的妻子與母親角色，構成一種形式上的社會嘉年華式踰越。

　　因此，這些韓國歌手黃致列的「媽媽粉」、「奶奶粉」，透

過網路傳播科技的中介，藉由在社群網站、社交媒體及網路論壇中書寫與互動，是否能夠創造出一個跳脫社會性別角色及年齡角色期待（做為人妻、人母、老年人）的暫時的自主空間（Radway, 1987），進行「愉悅式抵抗」（pleasurable resistance）及「顛覆式愉悅」（subversive pleasure）？或如何與 Fiske 所說的權力集團（power block）的社會規訓進行協商？值得女性主義老年學的探究。

我們期待理解，這些高齡女性粉絲如何透過社群媒體與網路科技，拓展生活世界，參與各式時興的科技密集型的應援活動，藉此重新定義自己成為公共領域的參與者，並參與了流行文化行動。而這些在人生經歷、成長背景與生命階段，與年輕粉絲迥然不同的高齡婦女，在追星的實踐與意義上，又有何差異？這些差異又具有什麼意義？都是值得探究的議題。

參、高齡女性粉絲的探索之路

本研究旨在以韓國歌手黃致列的高齡粉絲為例，透過年齡與性別交織的視角，並結合老年社會學的觀點，試圖對 65 歲以上的高齡者如何在日常生活情境中運用新通訊科技以實現自我、擴展生活、社會互動和情感連結，藉此重新定義自己成為公共領域的參與者，甚或促成個人解放或賦權進行細緻考察。希望從這些高齡粉絲的主體經驗出發，對當前的主流性別規範與年齡規範進行反思與解構，並思考更多的可能性。此外，也希望透過呈現這

群有別於社會期待與想像的高齡粉絲的多元樣貌，破除人們對於老年生活的局限性想像。

　　針對以上研究目的，本研究主要研究問題如下：

一、高齡女性如何透過傳播科技與社交媒體的中介，參與以年輕人為優勢主體的粉絲文化？這些高齡女性粉絲如何看待與學習科技密集的粉絲勞動與應援文化？

二、高齡女性粉絲具體的追星實踐與粉絲勞動為何？高齡追星對個人的主體建構、自我認同、生活世界與家庭關係帶來的影響與意義為何？

三、處在不同生命階段的高齡粉絲，在追星實踐與應援方式，與年輕粉絲有何差異？這些差異的背後是基於什麼樣的社會性因素，又具有什麼樣的社會意涵？

四、高齡女性粉絲在挑戰年齡角色的追星實踐中，如何與主流的性別規範挑戰、抵抗或協商？當中可能涉及什麼樣的性別權力關係？

　　本研究分兩大階段進行，並使用兩種質性資料蒐集方式，透過參與觀察與深度訪談方法，以獲得最豐富、深入的資訊。

第一階段：參與觀察

　　本研究以韓國歌手黃致列的高齡粉絲做為觀察的對象，並以

「黃致列全球後援會台灣分會」（以下簡稱「後援會」或「後援會台灣分會」）及「黃致列 MAMAMI 國際粉絲會」（以下簡稱「MAMAMI 粉絲會」或「MAMAMI」）的臉書粉絲頁與粉絲團 LINE 群組做為主要的觀察場域。這些高齡女性粉絲年齡都超過 65 歲，並且都表明自己是黃致列的粉絲。

黃致列自 2016 年在中國的綜藝節目曝光後，便吸引了大量華人粉絲，世界各地的後援會及分會便因此先後成立，台灣的粉絲團體亦成立於此時。由於黃致列的人格特質及奮鬥歷程，尤其深受華人年長女性所喜愛，因此，他擁有相當比例的高齡粉絲；黃致列粉絲的年齡跨度很大，能觀察到各種年齡與世代粉絲的彼此互動，因此欲探究高齡粉絲的言談與活動，黃致列的粉絲團是個很好的觀察場域。

黃致列在台灣有各種不同規模、官方或非官方的粉絲團體或粉絲群，但其中成員人數最多、組織體系最完整、而且最有影響力的，就屬「黃致列全球後援會台灣分會」及「黃致列 MAMAMI 國際粉絲會」，前者為黃致列在台灣唯一官方認證的粉絲後援會，後者則是因理念不合，從台灣分會離開，另起爐灶的粉絲群。研究者在因緣際會下，於 2006 年這些粉絲團成立之初即已加入，因此可以局內人的角色，完整進行參與式的觀察與資料蒐集。

除了線上的觀察外，黃致列在台灣舉辦的粉絲見面會、演唱會及商演，也常能見到高齡粉絲的蹤影，因此親臨這些現場，就近觀察並與這些高齡粉絲互動，對研究資料的蒐集及議題的探

討，有一定程度的助益。

第二階段：深度訪談

　　由於網絡的虛擬性和身份隱匿性，研究對象的線上自我與線下自我可能有不一致的情況存在，研究者在網路環境中所觀察到的可能只是一個片面的、有限的畫面。同時，線上空間和現實世界也是相互嵌入、互為建構的，因此除了在網絡虛擬田野中進行參與觀察之外，理論上還應開展網下的觀察和訪談（Sade-Beck, 2004）。因此，本研究將在參與式觀察的基礎之上，採用深度訪談的方式作為研究資料獲取的主要途徑。期望將粉絲團的線上觀察和線下的深入訪談相結合，兩方面的內容相互驗證和補充。

　　研究者事先擬定訪談大綱，並透過第一階段的參與觀察，留意符合本研究定義的 65 歲以上高齡粉絲，適時向其提出訪談邀請，以進行半結構式的深度訪談。由於研究者已長期參與這兩個粉絲團，並與其中幾位高齡粉絲有良好之互動，包括一位 83 歲、一位 74 歲、一位 69 歲的黃致列粉絲，因此積極對她們進行邀訪，並再尋覓其他適合的訪談人選。訪談過程全程錄音並轉謄逐字稿，以便進行分析。

　　進行邀訪時，皆清楚說明本研究目的及給予未來論文書寫時匿名呈現的承諾，並於正式訪談前慎重告知研究參與者有隨時終止訪談的權力。此外，由於粉絲團群組雖為資訊豐富的觀察環境，但畢竟屬於非公開的場域，因此研究者可能從中獲取對本議題的

敏感度與洞見，除非是已對外公開的資訊，或已徵得當事人的同意，否則不直接引用。

肆、粉絲團體的參與觀察

一、黃致列全球後援會台灣分會

「黃致列全球後援會台灣分會」（以下簡稱「後援會」或「後援會台灣分會」）成立於 2016 年年初，大約是黃致列到中國參加「我是歌手」第四季節目，並在華人社會逐漸受到矚目時所設立，為「黃致列全球後援會」[7]的台灣唯一官方分會，設有會長、副會長等幹部。

---

7 「黃致列全球後援會」成立於 2016 年前後，為黃致列在中國開始活動、逐漸受中國粉絲關注時所設立，此一後援會為粉絲自主成立，但獲得黃致列經紀公司的認證，因此具有「官方」粉絲團體的地位。此後援會的主要使用語言是中文，因此主要成員是華語文化圈裡的粉絲。全球後援會的規模龐大、組織延密，除主要分享黃致列活動訊息的官方微博網站之外，另設有資訊站、打投組、反黑組等各司其職的任務編組，並於其下設立眾多分會，範圍遍布全球，主要分布在世界各地的華人社群（如日本、新加坡、馬來西亞、北美、澳洲等等）及中國各大省市（如北京、成都、上海、廣州等等），實際分會數量及粉絲數並未在網路上公布，因此無法具體掌握。另，相對於華文圈的粉絲後援會，黃致列在無名期（2007 年~2015 年）及爆紅初期（2016 年）在韓國並無正式的官方粉絲團，只有分散於各地由粉絲自主成立的網站或社群平台，一直到 2018 年，黃致列接連發行兩張專輯、在韓國聲勢大漲時，才成立專屬的官方粉絲後援會名為「ChiyeuLeader」（粉絲暱稱為「官咖」），主要使用語言是韓文，因此成員也絕大多數是韓國的粉絲。

　　做為粉絲團體，「後援會台灣分會」設立的宗旨主要是為粉絲提供黃致列的相關活動資訊，並提供粉絲一個自由交流的平台。「後援會」對外發布訊息及資訊分享的媒介，計有臉書、微博及 LINE 群組，並設有 YouTube 頻道以專門播放黃致列在台活動的影片。截至 2021 年 10 月 16 日為止，「後援會台灣分會」臉書上的追蹤人數有 6,939 人，微博上有 2,732 個粉絲，而核心粉絲直接聊天互動的 LINE 群組，目前成員人數是 153 人。

　　在網路科技發達的時代裡，絕大多數粉絲都是透過網路獲知偶像的消息，而對在華文世界活動的明星來說，最主要的資訊發布與交流管道則是明星個人的微博或各種粉絲團體的微博網站，在台灣則是以明星個人及粉絲團的臉書平台及 Instagram 帳號為主，但這些資訊平台，雖說粉絲也有可能透過留言而有與明星直接互動的機會，但機率十分低，且因所有資訊都是公開或半公開，因此多數是官方活動訊息的提供，粉絲間的私密互動非常有限。

　　對於熱情的「鐵粉」而言，她們往往希望還能有個私密且安全的空間來聊聊偶像、抒發心情，像微博及臉書這樣的公開資訊平台，不太能滿足她們的需求，因此中國粉絲會另開 QQ[8] 群私聊，在台灣則是風行使用 LINE 群組。並非所有粉絲都會參與 LINE 群組（或中國的 QQ），但有心加入 LINE 群組的，除了必然是

8　流行於中國的即時通信軟體，為深圳市騰訊電腦股份有限公司於 1999 年所推出，支援文字、語音和影片聊天，以及檔案分享、網路硬碟、電子信箱、遊戲、論壇、網購、租房與找工作等服務。參考來源：https://wiki.mbalib.com/zh-tw/QQ

粉絲團的成員，也大多是更為積極想要獲知偶像訊息、或想與其他粉絲直接交流心情的活躍粉絲。

「後援會台灣分會」的 LINE 群組，是提供台灣分會核心粉絲直接互動的社群平台，並只對有正式入會的會員開放。在群組裡，粉絲除了可以彼此分享黃致列的活動訊息、照片、影片之外，由於 LINE 群組的私密及即時互動性，因此經常可以看到粉絲彼此分享對黃致列的欣賞、感動及愛意，尤其當黃致列在台灣活動的期間，LINE 群組的粉絲貼文數，一天之中可以高達一、兩千則，是個適合直接觀察粉絲互動的線上空間，本研究即以此群組做為主要的參與觀察場域之一。

黃致列雖然在中國深受歡迎（黃致列的微博目前有將近 513 萬名粉絲），但在台灣的知名度並不高，因此台灣後援會的粉絲數量也不算多，積極入會並加入 LINE 群組的人數也更為有限。群組的草創時期，為求能讓更多人加入，「後援會」的幹部積極在臉書及微博找尋台灣的粉絲，並進一步邀請加入群組。此一時期，只要有成員邀請便可直接加入，不需透過審核，也不需繳交年會費。2017 年年初，在黃致列頻繁來台北開辦演唱會期間，LINE 粉絲群組的人數達到最高峰，當時「後援會」分為北區、中區及南區三區，單單北區人數就達到 250 人、中區及南區也各有一、兩百人參與。之後，隨著參與人數增加，「後援會」改採審核機制，想參加的人必須通過管理員的問題測驗，過關並確認是真正粉絲後才允許加入。自 2017 年 9 月開始，「後援會」更進一步決定將北中南三區合併，關閉舊有的三區分群，再另開一

個新群，並開始向會員收每年 600 元的年費。由於，在台灣同時還有其他免費的黃致列粉絲資訊交流平台或群組，因此自從「後援會台灣分會」採繳會費制之後，入會的粉絲人數便逐漸下降。2020 年起，更因全球疫情的緣故，黃致列無法來台開辦演唱會，粉絲團體也無法聚會活動，難以提供粉絲實體集結聚會的機會，因此陸續有人在會費期滿之後就不再續會。

　　雖說名義上是隸屬「黃致列全球後援會」的分會，但除了黃致列發新專輯時的集中火力密集打榜（即「總攻」）時，各個分會的打榜策略及資源分配（例如粉絲集資購買的音源帳號）由總會統籌之外，台灣分會是獨立運作的，而做為參與的粉絲，與總會及其他分會幾乎沒有任何交流與互動的機會，因此也往往感受不到有總會的存在。

　　既然做為黃致列在台的唯一官方分會，台灣分會在名義上是唯一可以直接與黃致列的經紀公司或工作室對口的粉絲團體，因此舉凡黃致列在台的官方活動（主要是演唱會、見面會），「後援會」通常擁有優先承辦的權利，尤其「後援會」的幹部也經常有機會獲得最新、或其他散粉[9]無法獲得的獨家官方消息，對於黃致列官方舉辦的演唱會或粉絲見面會，也有優先購買團體票的權利，這通常是粉絲決定加入粉絲團體的最主要的原因之一。此外，像是黃致列台北演唱會／見面會的會場及後台佈置、粉絲接送機

9　在粉絲文化裡，凡是未加入任何正式或非正式粉絲團體的個人粉絲，都被稱為「散粉」。

的秩序維護、明星與粉絲拍照的規劃、後台工作人員的餐點應援、演唱會的應援活動安排（例如現場排字、對偶像表白心意的影片製作、手幅、手燈設計等）都是由「後援會」負責；黃致列在韓國或其他地區如香港、澳門、新加坡、馬來西亞等地的演唱會，「後援會」還會代為購票、並組團同往；其他如召集粉絲集資購買實體專輯、購買數位單曲、投票、打榜、代購官方週邊商品、舉辦粉絲聚會活動等，也是「後援會」經常性的活動。

二、黃致列 MAMAMI 國際粉絲會

「黃致列 MAMAMI 國際粉絲會」成立於 2017 年 3 月間，當時黃致列即將在 3 月 18 日在台北舉行一場商演[10]，由於票價昂貴，票房十分不理想，許多粉絲非常操心，一直呼籲「後援會」出手協助宣傳並動員，但是「後援會」認定本場活動是純商業演出，非「官方活動」，因此內部幹部討論後決議不介入。此事，引起粉絲間的激烈辯論，有人支持後援會的決定，也有人認為只要是黃致列的活動，不論性質如何都應該力挺，不希望就此破壞了黃致列的口碑，或斷了黃致列日後的商演機會。

---

10 此場商業演出乃由台灣一家生技公司出面邀請黃致列為該品牌站台，其中也有安排演唱活動，但因門票搭售該生技公司的商品，因此票價頗高，當時有許多粉絲表達有心支持，但經濟能力並不允許，因此賣票情形不佳。然而，由於是純粹為品牌及商品促銷的活動，對於官方「後援會」是不是應該支持應援，在粉絲群體內部有十分激烈的討論。

　　當時有一群自稱「媽媽粉」的粉絲，對「後援會」置身事外的態度感到非常氣憤，因此決定自行集資、主動協助該商演的票務。這些媽媽粉絲決定退出後援會，並自組「318 媽咪愛致列」群組，邀請認同其理念的黃致列粉絲參與。初期約有 150 位成員加入，事實上，其中有不少成員是這兩個粉絲團體都同時加入，由於這個粉絲團態度積極、活動力強，因此很快就打出知名度，成員也不斷增加，最後成為可以與「後援會台北分會」分庭抗禮的台灣兩大粉絲團之一。粉絲會曾數度更名，從「318 媽咪愛致列」更名為「媽媽咪♡致列國際粉絲團」，到今天的「黃致列 MAMAMI 國際粉絲會」（以下簡稱「MAMAMI 粉絲會」或「MAMAMI」），目前 LINE 群組裡活動的會員人數為 211 人。

　　「黃致列 MAMAMI 國際粉絲會」目前擁有臉書、微博、IG 等社群平台，也有自己的 YouTube 影片分享頻道；截至 2021 年 10 月 16 日為止，其臉書有 1,265 位追蹤者， Instagram 上有 15 位追蹤者，微博則有 3,213 位粉絲。臉書是「MAMAMI 粉絲會」最主要的資訊傳播與交流平台，直至目前仍時常更新貼文，而微博帳號的更新頻率及則數明顯少很多。同樣的，LINE 群組也是「MAMAMI 粉絲會」成員私下互動聊天的平台，成立至今，每天都有粉絲會在群組裡留言，分享黃致列的消息動態及表演影音，每當黃致列有新活動或演出時，粉絲的互動就會增加，如果是來台灣的演唱會活動，則粉絲的留言互動則數，可以在一天內高達數千則；但自 2020 年疫情爆發，黃致列無法出國商演，在韓國的活動也銳減，「MAMAMI 粉絲會」的粉絲留言數明顯減

少，積極參與者也逐日減少，目前群組裡則經常是十幾名特定的熱情粉絲在群組裡每日問候與分享資訊。

「MAMAMI 粉絲會」不收取入會費，並且自由參加，初期並未有明確分工或職務劃分，只有一位大家公認的發起人成為該會的領導者，後來隨著粉絲人數增加、活動辦理頻繁，之後也開始設立幹部，此外，為更有效的為黃致列的新歌打榜或投票，又另外在 LINE 上設立「MAMAMI 打榜群」。

雖然非官方所認定的粉絲團，但由於粉絲人數夠多，加上「MAMAMI」發起人的積極爭取，因此「MAMAMI 粉絲會」也和「後援會台灣分會」一樣擁有團票的優先購買權益，但黃致列的粉絲接送機安排、演唱會現場內外佈置、場內應援活動，仍由「後援會」主導。然而，非官方粉絲團體限定的活動，例如組團參加海外演唱會、組團前往韓國參觀黃致列故鄉或參加黃致列的綜藝節目錄影、參與黃致列的上下班路[11]等，「MAMAMI」都積極主辦，也頗獲會員歡迎。此外，打榜、投票、衝流量、集資買廣告箱、團購官方週邊商品、代購黃致列代言商品……等，也是

11　這是韓國特有的粉絲文化之一，即偶像明星在前往電視台錄製節目時，從下車到進入電視大樓的這一段路，經常有粉絲會在該處守候，以獲得與偶像拍照或聊天的機會；在錄製節目前的這段路被稱為「上班路」，反之，節目錄製結束後，從電視台走出來到上車前的這段路就被稱為「下班路」。黃致列是出了名的非常願意與粉絲在上下班路時閒聊的明星，有時甚至持續長達半小時、四十分鐘，因此許多黃致列的海外粉絲到韓國後，會特別安排去電視台前等候黃致列，希望獲得與黃致列直接接觸的機會。

「MAMAMI 粉絲會」經常性的活動內容。

此外，也許緣於「MAMAMI 粉絲會」發起人過去所從事的服飾業背景，「MAMAMI」經常設計印有黃致列照片或圖樣的服飾、帽子及生活小用品供會員購買，在扣掉成本之後的價差，就成為應援的經費，這是「MAMAMI」經常使用的籌資方式。此外，「MAMAMI」偶爾也會在群組內鼓勵粉絲捐出與黃致列有關的私人收藏，例如簽名 CD、有黃致列出現的畫報、雜誌等，在群組裡喊價拍賣，經常都會喊到高昂的價格，這也是「MAMAMI 粉絲會」的集資方式之一。

相較於「後援會」比較多針對黃致列在台活動的官方應援，「MAMAMI 粉絲會」更熱衷於集資以投入安利 [12] 或應援黃致列的各式活動，期望藉此拓展黃致列在台的知名度及提高粉絲數量，這些應援活動包括：大量購買數位單曲、大量購買實體專輯 CD 但不運回 [13]、上街頭主動向路人介紹並贈送黃致列專輯、購買公

---

12 此乃網路流行語，本意是指：直銷品牌安利（美商 Amway 公司在中國的譯名），現在網絡用語中有分享、真誠分享的意思（資料來源：百度百科 https://baike.baidu.hk/item/%E5%AE%89%E5%88%A9/20712686）。 此語在中國的粉絲圈特別盛行，指的是向一般人介紹、推薦自己偶像的行為。由於黃致列的台灣粉絲長期依賴中國粉絲翻譯黃致列的韓語，並長期接觸黃致列粉絲團體在微博上分享的訊息，因此台灣粉絲也經常使用中國粉絲圈裡的用語。

13 這是粉絲圈裡為衝高偶像的專輯銷售成績，而慣用的做法之一。一般人喜歡某個歌手的專輯大多只會購買一張實體 CD 回家欣賞，但粉絲團體為了幫支持的偶像衝高銷量，經常鼓勵群裡的粉絲每人都出資購買多張，甚至利用公布購買排行榜的做法，對粉絲造成一定的購買壓力，以刺激

車大型廣告、購買熱門路口的大型應援燈箱循環播放黃致列的表演視頻……等，雖然這種必須花費大量資金的作為，並非所有粉絲會員都贊同，但「MAMAMI 粉絲會」身穿粉紅衫[14]穿梭在台北及黃致列故鄉韓國龜尾街頭安利路人的影像，被翻譯成韓文並貼上了網路，在黃致列的韓國粉絲圈裡造成不小的轟動，而黃致列也曾在一次直播活動中提及，並向她們致謝，這讓「MAMAMI 粉絲會」群組裡的粉絲開心了許久。

三、「媽媽粉」的參與觀察

「媽媽粉」是流行於網路上的粉絲圈用詞，但其意義與概念相當曖昧模糊，在不同的情境與脈絡裡，經常指涉不同意涵。當某人自稱是某位明星的「媽媽粉」時，有時候指涉的是自己的社會身份，表示自己是已生育子女或年紀較大的女性粉絲，而非一般人所理解的未婚「追星少女」；有時「媽媽粉」指涉的是與偶像的關係或對待偶像的心態，指的是粉絲們以類似母親的視角與立場上來關愛偶像，就像整天擔心自己孩子的媽媽一樣，這種對

購買量。通常這些為衝量而在韓國購買的實體 CD 並不會全數運回國，因為這些 CD 本來就是超額購買的，粉絲並不實際需要，一方面為節省運費，另一方面也方便當地粉絲團運用來安利路人，所以往往不全數運回。

14 每個粉絲團會有自己的應援服，「黃致列 MAMAMI 國際粉絲會」的應援服就是粉紅色的，她們偶爾也自稱「粉紅軍」。

偶像抱持媽媽心態的粉絲可以是任何年齡的人，甚至也可能是比偶像年紀還小的粉絲。類似像這種指涉對待偶像心態的粉絲圈用語，還有「親媽粉」、「阿姨粉」、「姐姐粉」或「女友粉」等等，與粉絲個人的年齡大小無關。

　　本研究的「媽媽粉」則專指那些已生育子女的粉絲，她們的年紀從三十歲到八十歲不等，根據我的觀察及黃致列粉絲群內部的統計顯示[15]，黃致列粉絲的年齡分布，以 30 歲至 40 歲的女性居多，40 歲至 50 歲次之，而這些人隨著生育子女的早晚，有些人的小孩仍非常年幼，甚至正懷孕中；有些人的小孩則已就讀國、高中、甚至大學。本研究主要關注的 65 歲以上的高齡粉絲，則是小孩皆已成年，甚至成家立業。

　　在黃致列的演唱會現場、粉絲團經營的微博、臉書粉絲頁及 LINE 群組中，往往能同時觀察到不同年齡粉絲彼此間的互動。尤其在後援會與 MAMAMI 的 LINE 群組裡，以及其他大大小小的由這兩大 LINE 群組所分出去的、粉絲另開的小型聊天室[16]，更

15　黃致列的粉絲團體曾在微博上做過粉絲年齡分布的內部調查，調查的範圍包括中國、台灣及其他地區的華人「烈火」，共獲 613 位粉絲回應，所得到的結果如下：15 歲以下 4 人、15-20 歲 46 人、20-30 歲 141 人、30-40 歲 173 人、40-50 歲 171 人、50-60 歲 68 人、60 歲以上 10 人。但因年齡最小與年齡最大的粉絲上微博的比例較低，因此這兩個年齡層的統計數字應有低估，加上此非嚴謹的系統化研究，因此只能做為初步參考，但亦能略為一窺黃致列粉絲群的年齡分布情形。

16　一些談話比較投機的粉絲，還會另開聊天室，由於更私密，所以對話就更直接露骨。

是集結了最積極活躍的一群粉絲，每日在此分享黃致列的行蹤、各種表演影音及照片、粉絲自己的 P 圖、號召打榜應援、團購周邊商品等等，更重要的是，這些群組與聊天室提供了一個可以暢快抒發對黃致列的情意甚或情慾的快樂園地。外人無法理解的、甚或被譏為瘋狂不理性的愛戀或迷戀，在這裡都能安心自在的表達，不僅有人能懂，而且往往還能看到比自己更積極、狂熱的粉絲。

　　根據長期觀察，在粉絲群組的聊天室中，年紀較輕、兒女尚幼的 30 歲至 40 歲的粉絲，是最大方討論情慾的一群。她們會刻意分享黃致列的性感照片，並紛紛稱說已噴鼻血了，也會分享與討論所謂的「大包照」[17]，或是開玩笑的彼此較勁，想像自己與黃致列發生的各種親密舉動，更有人會合成照片，將黃致列 P 成與自己合拍婚紗照，或是 P 成與黃致列親吻、擁抱的親密照片。在已逐漸喪失激情的平穩婚姻中，在埋首幼兒照料的無止盡的愛的勞動裡，這種對偶像的愛戀與依戀，成為她們千篇一律生活中的最大樂趣，也讓她們重拾女人身份（而不只是別人的母親或妻子），重溫那種戀愛及悸動的感覺。

　　弔詭的是，這一群情慾表達最露骨的，也往往是行動最不自由的一群。由於孩子仍太小，需要密集式的照顧，因此她們經常走不開，尤其演唱會通常在晚上舉行，因此她們必須想方設法、

17　指的是某些因拍攝角度的關係，藝人的褲襠看起來凸起，會讓人聯想起生殖器的照片。

做好各種托育安排，才有可能順利外出；加上她們的伴侶，也是最容易吃味、甚至經常直接出言制止、出手阻撓的年輕男性，因此這些年輕的「媽媽粉」們，也時常在群裡分享一些應對及開脫的辦法，她們有的會說：「就讓他唸兩句，反正他也拿我沒辦法」，有的則會更加刻意表現乖巧、更認真打點家務，藉此表達自己並未因粉星而耽誤家務，以求獲得參與演唱會或粉絲聚會的許可。所以，這些「中年叛逆」、主動追求情慾的女性主體（雖然是以想像的方式），大部分仍必須在現實生活中與父權體制下的母職與妻職角色進行協商。

除了年紀較輕的「媽媽粉」以外，高齡粉絲則形成另一種文化生態。其中，有高齡 83 歲的「奶奶粉」，有 70 歲無役不與的生技產業老闆，每次接送機的團體照，都站在明顯的位置；有 74 歲不懂韓文，每場演唱會都參與的鐵粉。像 70 多歲的敏如姐（匿名），有嚴重風濕性關節炎問題，右手掌有點捲曲變形，即使行動不便，仍然熱情的參加追星活動；她說黃致列這個人讓她很感動，兒子也很鼓勵他追星，接送機她都曾經參與，黃致列在桃園機場被粉絲圍繞的新聞影片中，幾乎都能見到她的身影。香港人曉華姐（匿名），先生一開始對她追星很生氣，說她 60 幾歲了還在追星，罵她是瘋了，但後來看到黃致列的資料之後就不再阻擋了，甚至讓她去參加新加坡及韓國的演唱會。有位高齡「媽媽粉」在臉書上說：「我一輩子沒追過星，70 歲才追，天天都要關照他幾回。」

在高齡的「媽媽粉」中，本研究選擇幾位 65 歲以上的典型

樣本（皆匿名處理），進行比較完整的參與觀察。其中，65 歲的
鄭姐，台北出生，台大畢業後前往美國攻讀碩士，之後在美國工
作、結婚、定居，目前是一個跨國企業公司的高階經理人。鄭姐
身材高挑、保養甚好，完全看不出是 60 幾歲的人，她常身著套裝、
口齒清晰，言談間保持一種專業人士的自持。

2017 年 12 月，她以省親的名義向公司請假回台，但實際上
是為了能「順便」參加黃致列在 12 月的台北演唱會。鄭姐很喜
歡黃致列，常常藉由各種機會參加黃致列的演唱會，她一直笑稱
自己「晚節不保」，言下之意，她也沒料到會被一個男明星迷成
這樣，對此她多少有些自我質疑。但她追星極端低調，並且很努
力的不讓家族的其他人知道，尤其是她先生的家族，因為他們在
台灣是有頭有臉的望族，她覺得自己迷上一位年輕韓國明星，可
能會有損她在家族人前的形象。為了避免被先生家族的人發現她
對黃致列的痴迷，她總是想辦法技巧性的迴避這個尷尬的場面。

鄭姐並未加入任何粉絲團體，是所謂自由的「散粉」。她
覺得加入粉絲團體很麻煩，也曾在黃致列韓國演唱會的會場中，
看到台灣粉絲團體幹部一些比較自私的行為，而且也討厭粉絲團
體裡不時要號召大家集資或購買應援品，因此刻意不參加粉絲團
體，覺得這樣比較自由也清心。

玉玲是馬來西亞華僑，也是 65 歲，育有一兒一女，在家族
經營的企業工作，上班時間十分彈性自由。她從 2016 年開始注
意並喜歡上黃致列，黃致列在世界各地舉辦的演唱會，除了北美
場太遠外，不論是韓國、馬來西亞、香港、澳門還是新加坡，玉

玲每場都參加。

　　玉玲每次參加國外的演唱會，都有兒女分別作陪。台灣的演唱會是兒子買票，女兒作陪。女兒當時已大學畢業兩年，並已進入職場工作。女兒雖然陪媽媽參加多場演唱會，但她並不迷黃致列，她說她沒有「偶像主義」，純粹陪媽媽。但她媽媽則吐槽說，女兒是見一個愛一個，喜歡的明星變來變去，不像她這年紀的人，一旦喜歡就永追隨。

　　玉玲和另一位住新加坡的媽媽粉絲都直接叫黃致列「乾兒子」，把黃致列當兒子疼。她包過一個大約新台幣 2 萬元紅包給黃致列，可惜沒有機會親自送上，只能託黃致列的工作人員轉交。問玉玲為何欣賞黃致列，她豪不遲疑的說：「我最欣賞致列的孝順！」玉玲曾去機場接送機，也曾和黃致列握過手，她笑說，握手當天實在好興奮，一直捨不得洗手。

　　玉玲的女兒笑說，媽媽之前也喜歡過韓星李敏鎬，但沒像現在喜歡黃致列這樣，會為了他而世界各地跑。她媽媽在家裡還有一整箱有關黃致列的東西，是任何人都不可碰觸的。玉玲每天早上 6：00 起床，都會定時跟其他媽媽粉互通與黃致列相關的訊息，說是「一起聊兒子」。玉玲女兒說，看到媽媽有精神寄託，每天都很開心，這樣真的很好！她說之前常鼓勵媽媽要出門去玩，但當時她都不願意出門，但現在粉上黃致列，跟著黃致列四處跑，還結交了各國的烈火[18]，活得開心有勁，兒女看了都很放心。

18　在華文圈裡，黃致列的粉絲一般都自稱為「烈火」，一方面是取偶像名

　　66 歲的瑤文，家住台北東區，是「黃致列全球後援會台灣分會」的成員，在群組裡大家都直接稱她「姐」。「姐」為人比較正經嚴肅，經常扮演群組裡的大家長角色，如果粉絲有逾越之舉、不當言談，或偶爾有紛爭之時，她就會跳出來說話。因為經濟很寬裕，集資活動經常帶頭參與，而且往往出手闊綽，加上她與後援會的幹部們彼此相熟，久而久之就在群裡頗有地位，有些人甚至私下說她是「皇額娘」。

　　瑤文曾在群裡表明，由於先生是很有名望的人，來往的朋友也都是達官顯貴，因此雖然她很喜歡黃致列，但是為黃致列應援的事，只能對群組裡的姐妹們公開，她很有意識的不對外宣揚，因此雖然經常參與後援會的聚餐活動及粉絲聚會，但都要求群組裡絕對不能張貼出她的照片。

　　她曾經戲稱自己這個年紀追星，是臨老入花叢，但也說她是把黃致列當兒子，也相信以他的才華與努力，一定會出人頭地。瑤文有早睡的習慣，經常十點不到就在群組裡下線。但某一次群組裡發起參與「十帥」總決賽投票，為了鼓勵姐妹們參與投票以保住第一，當天也很難得的撐到晚上 12:00 多才離線。

　　78 歲的謝大姊，滿頭白髮，外表明顯看得出是位高齡長者，她說自己是老烈粉。演唱會時她拿著黃致列照片的扇子，遠遠的站在場外僻靜的角落。從她四處游移、觀望的眼神裡，可看出她不是很自在。

字的諧音，一方面也代表黃致列的粉絲對偶像的強烈支持與熱情。

　　謝大姊在中天電視台看到「我是歌手」後，開始欣賞黃致列，並一連說了兩次：「別人恐怕會覺得我這年紀還喜歡明星是瘋了罷！」當我表明研究者身分向她邀訪，她馬上顯露警戒的神情，並再三表示她要保持生活單純，因此不想多談。雖然送上了我自己製作的有黃致列照片的精美小筆記本，謝大姊看得出來很喜歡，連忙說謝謝，但仍急著要離開。

　　看得出來，謝大姊對於自己追星的這件事，仍有相當大的不安與顧忌，似乎認為在以年輕熟女居多的演唱會參與者中，白髮蒼蒼的她，彷彿鶴立雞群，覺得不太好意思，很怕會被質疑或取笑，因此避免與其他粉絲交談或接觸，只想與他人保持距離。

　　66 歲的月娥是退休教師，先生是大學退休教授，兒子在美國攻讀博士。月娥說她是從「我是歌手」中知道了黃致列，後來又看到他的故事，就非常喜歡他，也深深被他的堅持精神所感動。當她知道黃致列將來台灣開演唱會，並得知他飛抵桃機的時間後，就自發性的前來機場接機，她說她從未追過星，也不知道接機是怎麼一回事，但就是想給黃致列這樣努力的年輕人一個機會。

　　在接機回程的閒聊中，我發現她對於黃致列的其他消息，並不十分清楚，因此邀她加入「後援會」的 LINE 群組裡。之後，偶爾會看到她在 LINE 群組裡發言，某一次，黃致列發生了與中國一位女翻譯一起共進早餐，讓許多女粉絲很吃味的事件，由於這位女翻譯離過婚，許多中國籍女粉絲便對這位翻譯大肆抨擊，並揚言要抵制她繼續擔任翻譯，當時月娥就很氣憤的發言，表示

黃致列不應該和一位離過婚的女人走得如此之近。她似乎不太能接納離過婚的女性，對情感關係的看法比較傳統。後來，黃致列在馬來西亞舉行粉絲見面會當天，群組裡有粉絲貼文說，本場的翻譯仍由那位女翻譯擔任，月娥就在大群裡公開表示要抵制不看。

71 歲的美珍姐，高雄人，研究所學歷，國營企業高級主管退休。有一兒一女，皆已成家，女兒與女婿都是醫生。自幼學習舞蹈，前後學了十五年之久，也拿過全省的冠軍，舞台表演是她今生的至愛，高中畢業時原先打算報考舞蹈學系，但因父母反對而進入財經領域，從此不再接觸舞台，這是最令她心痛之事，每每提起都會傷心流淚。之後長達 45 年的時間，美珍姐在財經界發展，也一路攀伸到高階主管的位置。退休後，舞台仍是她人生未竟的夢想，但因年紀大了，舞跳不太動了，於是改學唱歌，卻一直苦於無法進步，2016 年偶然在「我是歌手」節目中驚鴻一瞥，見到沉潛九年依然奮鬥不懈的年輕歌手黃致列，從此就踏進了黃致列的粉絲世界裡。

美珍姐是粉絲圈裡公認的最支持黃致列的媽咪粉絲之一，黃致列在世界各地所舉行的大大小小、各式各樣的活動，不論是品牌代言、小型商演、粉絲見面會、個人演唱會，都能看到美珍姐嬌小的身軀，也經常能看到她與黃致列的合照。為何眾星雲集中會獨鍾黃致列，美珍姐說當中有一份惜才的情愫，因為黃致列歌藝與舞藝皆卓越超群；其中也有認同的因素，她認為與同為 B 型、射手座，在天賦習性上有許多相通之處，也自認都有過人的耐力

毅力，及驚人的逆境轉化能力；再者，其中也有移情的因素，她希望黃致列能替她完成一生無法實踐的舞台夢想，希望透過她的支持，證明「行行出狀元，只要活得精彩，都有一片天」。而更重要的是，她認為黃致列的優質品格魅力牽引著她，讓她決定要守護他，就像守護著她自己的孩子。

美珍姐說，黃致列是她第一個看到將唱歌稱為工作的歌手，熟悉舞台、渴望舞台的她深知，黃致列精湛才藝的背後是多少的努力與汗水，要到達像他那樣的水準需要流很多的血與淚。一般觀眾可能是懾服於黃致列精湛的才藝，但美珍姐卻是注意到他的態度與努力，以及背後的高度自我鞭策及自我管理。她說，黃致列是一位尊重歌手職業的歌者，一位用生命力唱歌的歌手。她愛他的人品，愛他的舞台，也愛他的奮進過程，因此她會用盡一切來守護。

遇見黃致列時她已年近 67，她在一則發表於微博上的公開貼文中說：「漸入日薄西山之際也為之動容，甚至於掏心掏肺為之牽掛，卻甘之如飴。」她說，見到如此卓越的孩子，誰能不疼愛，而且越了解他就越心疼不捨，她好想好好地、緊緊地像親媽般抱抱、拍拍他。。

美珍姐的確像將黃致列視為親生兒子般的保護與扶持，並每每化為具體行動，她對黃致列的各種權益也極盡捍衛。2017 年年初，黃致列受生技公司所邀的商演活動賣座不佳，後援會內部遲遲未決定是否出手協助，美珍姐就是率先發聲的粉絲之一，她當時寫了幾篇真摯懇切的貼文，呼籲粉絲們要團結力挺，但由於語

氣較為急切直白，因此當時也引起立場不同的粉絲們的一小波筆戰。

「為致列做點事」的理念是美珍姐開設微博帳號的初心。她原來只會在 YouTube 上看黃致列的表演訊息，隨著黃致列在中國的發展，她覺得應該上微博看看。美珍姐開始使用微博的理由與一般粉絲非常不同，多數粉絲是為了更快獲知偶像的消息或與其他粉絲交流對偶像的感情，但美珍姐上微博主要有兩個理由：一是為瞭解黃致列在中國的發展狀況，二是想為黃致列做點事。她說，因為限韓令使得黃致列必須回韓國發展，但是中國的烈火要好好穩住維持基本盤，畢竟大陸市場太大，是致列發展的重要關鍵。因此，她勤於在微博上發文、轉貼各種黃致列的訊息，並與各地粉絲、尤其中國的粉絲互動，以保持黃致列在內地的人氣與熱度。就此，美珍姐從一個完全不懂微博功能、語法的素人，一點一滴的透過請教微博上的烈火，目前成為擁有超過 1,000 名粉絲、已發了近 2,000 篇貼文、在微博烈火圈中也小有名氣的媽咪粉絲。只要黃致列有新作品或表演活動，美珍姐就會在微博上抒發心得，並大力推薦。她說，她想讓大家都能認識這位值得敬佩的韓國歌手，想把黃致列推向所有喜愛華語歌曲的愛好者，更想進一步讓所有路人擁有黃致列的正能量。

美珍姐對黃致列的保護，還能從她不購買粉絲群自製的黃致列相關應援商品中可以看出，她說她「不習慣」看到一些粉絲群主用黃致列的肖像從事金錢買賣，因為這會涉及黃致列的肖像權，她不喜愛，所以很少參與。她說她會應援黃致列，但不做她

個人認為不宜或不允當的事。她告訴我：「姐不能看到致列工作上發生任何事。他成功，姐姐就成功。」

美珍姐對致列的支持與愛護，真心且誠意，一開始全家人都以為美珍姐只是好玩罷了，後來才知道原來她是認真的。318 商演後，美珍姐前往機場送機，先生也一起陪同，她先生看到她目送黃致列離開後的失落、惆悵與懊惱，便安慰她說，就把黃致列當成離家遠赴他鄉的孩子，隨時可以去看他。三個月後，美珍姐要前往首爾參加黃致列的個人演唱會，她先生凌晨時分便載她去機場。美珍姐說她先生一向尊重、支持她的每個決定，經過一段時日的「耳濡目染」之後，她先生更加能理解與接受美珍姐對待黃致列的心意，此後她全家人也改變了對粉絲與偶像關係的定義與看法，黃致列在台灣舉行的活動與演唱會，家人如果有空也都會作陪。

對美珍姐來說，黃致列的出現，適時的為剛剛退休的她，帶來了生命活力。美珍姐對退休生活的規劃就是要完成年輕時未竟的舞台夢想，也想藉此帶給自己一些成就感，因此就去報名參加了唱歌班。她還去參加了社區的小型歌唱比賽，成績雖然還不錯，但她並不滿意，因為她想要的是自我突破，並自認尚未達到她想要的水準，因此黃致列的唱歌技巧就是她很好的學習對象，再者黃致列有生命力、有故事的舞台，以及他對表演的全力以赴、奮進不懈，也重新燃起美珍姐對舞台的渴望與力量。

美珍姐經常在微博上書寫公開信給黃致列，稱謂上都是以「致列愛兒」為開頭，這五年多來，她對黃致列的支持與應援，

超越了一般粉絲對偶像的迷戀或消費。近一、兩年她的眼睛比較不好了，所以有一小陣子較少發文，但近期黃致列又開始發行單曲，於是她又開始活躍於微博，勤發文推薦。她告訴我，她要趁還跑得動時，全力支持黃致列。她在微博上也對其他烈火說，她會用餘生與致列「風雨同行」，也期待烈火們一起「風雨相伴」。她說她對黃致列的愛已是母親對愛兒的愛！希望他幸福，事業有成。她會好好看著他，並冀望他能完成她蘊藏內心深處對舞台生命的原始渴望與夢想，以實現她這輩人無法實踐的嚮往。她說那無關成功與否，而是熱愛舞台表演藝術者生命的價值觀。

伍、高齡女性粉絲訪談

本研究除了在粉絲團的群組、黃致列的演唱會現場，以及其他的應援活動中針對高齡女性粉絲進行參與觀察外，為了獲得更詳盡的資料，花費心思數次邀約多位高齡女性粉絲進行訪談，最後獲得五位答應並同意揭露（匿名處理），她們年齡介於 66 歲至 83 歲之間。事後，並將訪談內容置於這些高齡女性的生活脈絡之中，以便能夠更加理解她們話語的意義。

艾薇姐

艾薇姐，69 歲。出生於新竹市，20 歲不到就前往美國讀大學及研究所，目前定居於美國西岸。育有一兒一女，兒女都是在

美國出生、長大，現在都已經 40 多歲，也都各自獨立成家立業。

　　艾薇姐從事房屋貸款行業 32 年，原本在銀行貸款公司服務，十多年前轉為自己創業，每個月要經手十幾、二十個案子。最顛峰時，手下有 40 多位經紀人，朋友都稱她是事業女強人，因此退休前的她，每天都忙得沒時間及精力去參與工作以外的活動。如今剛結束事業，準備要好好的過退休生活。

　　2016 年，艾薇姐曾經在「我是歌手」節目中看到黃致列的表演，當時並沒有特別關注，直到偶然透過 YouTube 的推播，看到黃致列參與中國實境節目「爸爸去哪兒」以及其他的演出，因而再度重看「我是歌手」節目。此後，艾薇姐的空餘時間，就被黃致列的歌聲與表演給占滿了。艾薇姐說，黃致列的外表和歌聲確實很吸引她，但更重要的是，他在實境節目中所透露出的純樸、努力、善良、暖心等人格特質，也深深打動了她。因此，打從那時起，艾薇姐每天只看黃致列的表演，其他人的節目她都興趣缺缺。

　　艾薇姐年輕時就在美國奮鬥，終至有成。她自認是個刻苦耐勞、勤奮工作的人，因此特別欣賞那些靠自己雙手打拚事業的人，對咬著金湯匙、銀湯匙出生的人不屑一顧。黃致列不屈不撓、歷經九年無名期，仍不減對歌唱事業的熱愛與堅持，特別能打動她。

　　她對黃致列充滿了興趣，一直希望能看到更多黃致列的表演與活動訊息，但所居住的美西，並沒有黃致列的粉絲後援會，整個美國華人圈，只找得到一個相關的臉書社團，但也僅止於轉貼黃致列的活動訊息而已，不辦理任何聚會或活動，加上在美的華

人圈子小，實在很難找到和她一樣欣賞黃致列的人，因此艾薇姐一直苦於沒有人可以和她聊黃致列，一起分享對黃致列的激賞之情。

　　某一次，她在臉書上看到台灣有黃致列的粉絲團「黃致列MAMAMI 國際粉絲會」，從來不在臉書上貼文的她，很興奮的留下訊息：「我超級喜歡黃致列的，請問怎麼樣才能加入妳們的粉絲隊？」管理人便將她加入 LINE 群組。艾薇姐終於找到一個可以暢聊黃致列的園地，她熱情的在群組裡介紹她自己，並開心的分享她參與黃致列在加拿大演唱會之後的合照。

　　艾薇姐雖然一直都有看韓劇，也曾欣賞過其他影星或歌手，但卻是第一這麼強烈的愛上一個明星。她的兒女與同事，對於像她這樣一個把工作擺第一，而且在工作上絕對冷靜理性的她，竟然會這麼狂烈的喜愛一個明星，都感到不可思議。然而艾薇姐說，加入粉絲群組後，看到大家的留言，她才發現原來麼大家都這麼瘋狂，她說在追星這件事上，她根本只能算是一個剛起步的人。因此，她鄭重的向經常冷眼冷語、質疑她追星的先生宣告，從現在開始「nothing can stop me」。

　　艾薇姐退休前工作很忙，能看黃致列的時間有限，但近來剛剛退休，她就完全宅在家裡，根本不想外出去玩，也完全不想要出門購物，她只想待在家裡好好的看黃致列的表演與消息。艾薇姐現在的生活，幾乎所有的時間都在看黃致列，不論是走跑步機或坐按摩椅，也都是一直在聽黃致列的歌。她說，「我是歌手」的節目都不知道看了幾遍了，幾乎黃致列下一個動作是什麼都知

道了。有黃致列歌聲及表演相伴的退休生活，一點也不覺得空虛。

　　對於艾薇姐的追星之舉，兒女大力支持。一來兒女深知她不是隨便瘋狂的人，再者，艾薇姐在十年的單親媽媽生涯中，如何辛苦的一邊工作一邊將孩子帶大，她的兒女都看在眼裡，因此當小孩也都自立後，便開始鼓勵媽媽去追求自己想要的。況且，艾薇姐的經濟狀況也很能容許她各地跑來跑去，只要艾薇姐提出，她兒子都說：「Mum，妳把所有的錢都花在妳自己的身上，妳不用想說要留給我們什麼，妳就去花，就去玩！」

　　當艾薇姐生日快到時，兒女問她有沒有什麼生日願望，她提出想看黃致列演唱會，正好黃致列將在加拿大多倫多舉辦一場演唱會，距離她美西的家並不算遠，因此艾薇姐的兒女就幫她買了最高價的 VVIP 的座位，也順便安排家庭旅遊。原先，當時還未完全退休的艾薇姐本來也放不下工作，但是她兒子女兒都勸她可以暫時放下，反正帶著筆電也能工作。成行後，艾薇姐便開開心心的和兒媳婦進場聽演唱會，結束後還獲得與黃致列合照的機會，事後艾薇姐告訴她的兒女，這一趟多倫多之旅，是她這輩子最棒、最快樂的旅遊！兒女還戲問，是因為這趟旅程能見到黃致列，還是因為是難得的家庭旅遊？艾薇姐一直是工作擺第一的人，真的忙起來時，是完全不會想要去玩的，這趟加拿大之旅，如果當時不是為了要看黃致列的秀，她是壓本不會考慮的，然而有了這次的愉快之旅，艾薇姐突然改變了想法，她甚至說，未來打算黃致列在哪裡辦演唱會，她就順便到那裡去旅遊度假。

　　然而，艾薇姐老公就很看不慣、也很不以為然。每當艾薇姐

在家看黃致列的影片或跟別人聊到黃致列時，她老公總在旁邊酸言酸語。他經常跟別人抱怨：「她啊！整天就是黃致列啊！黃致列的……」還說她是「吃錯藥了！」、「妳不正常！」、「那不就像一個小鮮肉嗎？他還比妳兒子還年輕」。因此，當他聽到艾薇姐說還想去參加當年十月在香港的演唱會時，她先生馬上就開口罵說：「妳不要這樣過分！好不好？」「妳怎麼這樣過分，我以為妳看那麼一次這一輩子就夠了！」艾薇姐回說：「好的，香港不去，那下次在台灣再去好了。」因為她知道黃致列也將要在台灣開演唱會，結果她老公生氣的說：「什麼！我以為妳看他一次就夠了，還買最貴的票，就是以為妳只要去看那一次！」但她老公這種不支持的態度，對艾薇姐完全不受影響，她說她先生只能嘴上酸幾句，也不能怎麼樣。當她先生說：「他還比妳兒子還年輕！」艾薇姐就故意跟她的兒子說：「他是你的弟弟、我的小兒子。」有時聽她先生唸得煩了，她就威脅說那她以後她就到自己房間看黃致列，並且在心中暗暗計劃，下次如有機會出國參加演唱會，就不要讓先生跟著去。

艾薇姐是高調追星的粉絲，她笑說自己對黃致列的欣賞與喜愛，好像真的發了神經！雖然週遭的人不一定能理解她，但她也不會覺得有什麼好不敢講的。她就曾向一位 90 幾歲的長輩介紹黃致列，也成功讓她兩位墨西哥裔的朋友瘋狂愛上黃致列的歌聲，她都驕傲且直白的跟旁人說：「I love him！」。她說她一個老太婆，已經不在乎別人怎麼想了。艾薇姐認為，年輕粉絲尤其有家庭的，可能還會被說是不是跟先生怎麼樣了，但以她這個

年紀，黃致列就像她的兒子，她欣賞他的才華、努力、節儉與貼心，每次看黃致列的表演，都好像看到自己的兒子在唱歌跳舞，她感覺好驕傲，她說：「我完全是這種媽媽的心情，並不是說要看黃致列性感的脫衣服什麼的。」她認為她是坦蕩蕩，「完全沒任何雜念」的純欣賞。

自從關注黃致列之後，每天看他的視頻，讓艾薇姐感覺很快樂。她說她覺得自己真的變成「young at heart」，甚至用「返老還童」來形容這種狀態。艾薇姐會透過住在台灣的二嫂幫她在粉絲群裡團購黃致列的應援品，在多倫多的演唱會現場，她也刻意提早到，就是為了購買一些黃致列的周邊商品。艾薇姐說，因為這些東西能讓她感覺與黃致列有多一些 connection。此外，她也會主動出資去支持台灣粉絲團的應援活動。她說她非常願意透過各種方式來支持黃致列，尤其過去她太忙，不太有時間參與打榜，她現在退休有空了，她就想要學習如何幫黃致列打榜衝排名。

梅玉姐

梅玉姐，66 歲，家住桃園，高中學歷，有一兒一女，皆已成家。兒子在中國的一線城市當茶行老闆，女兒在美國就讀高中、大學，女婿在史丹佛大學博士後研究。梅玉姐 38 歲時因先生嗜賭及習慣性外遇而離婚，一人要還會錢及撫養一雙兒女，經濟負擔沈重，加上只有高中學歷，找不到什麼好工作，因此決定自行創業。她一步一腳印、刻苦耐勞的走到了今天。

　　梅玉姐投資過很多生意，也都小有成績，十年前她逐步放手退休，現在經濟上很安穩，有些積蓄，經濟上不必依靠兒女。靠著多年投資的盈餘，梅玉姐有閒錢也有時間參加黃致列在各地舉辦的演唱會，黃致列在台灣、韓國、新加坡、馬來西亞、香港、澳門各地的商演及演唱會，梅玉姐幾乎都沒有缺席。正因年輕時辛苦過，而且當時的她也完全沒有背景及後台，只是很幸運的一直有貴人相助，所以將心比心，她特別欣賞也心疼黃致列那種「因為堅持才看到希望」的堅毅力量，也對他的歌手事業的奮鬥歷程很能產生共鳴。

　　梅玉姐認識黃致列的契機是，2017 年 1 月時她前往中國陪兒子過年，在當地看到電視上播放「我是歌手」節目，馬上被黃致列的歌聲觸動。她說：「那個 Melody，那個旋律跟他的聲線，他的整個表現出來，就……哇……怎麼會唱的這麼好，唱得這麼感動。我不知道歌詞我都能感動，如果知道歌詞那不是更感動？所以我覺得他真的好會唱，而且唱的真的又很用心，就是整個把那首歌，好像用他的肢體整個表現出來。」

　　之後，梅玉姐回台，當時台灣還未播「我是歌手」第四季，因此她就沒有繼續追蹤。某一天，偶然在 YouTube 上看到黃致列的訪問，她覺得這個人怎麼這麼有趣，可以笑得這麼爽朗，有時卻又哭得像個傻瓜。梅玉姐深受黃致列所吸引，也開始想要看更多有關黃致列的表演與相關訊息，她在電腦上展開搜尋，也找到了一些黃致列的訪談，以及他參加過的韓國綜藝節目，例如「我獨自生活」、「不朽的名曲」等等，梅玉姐說她越看越認識他，

越認識他就越想再看他。她覺得這年頭像黃致列這樣的年輕人真的很少了，所以只要想到就心疼、感動，忍不住就想掉淚。

那時候，只要一有空，或晚上睡覺前，梅玉姐就會想要聽聽黃致列的歌曲。她說她本來就是感性的人，黃致列的歌曲及人品真的很令她感動。然而，追星這件事也帶給她一些不大不小的困擾，梅玉姐強調，這是她第一次追星，而且她是慢慢的喜歡，愈深入認識黃致列的人品愈是喜歡，絕對不是因為黃致列的外貌，她很排斥被認為是因為黃致列帥才會這麼喜歡他。

梅玉姐本身是生意有成、投資有方的商界人士，退休後也熱心投入地方政府的志工服務團，因此往來互動的大多是有頭有臉的人物，加上偶爾會聽到朋友間的「仇韓」言論，因此對她來說，若要向朋友「現身」她的粉絲身份，壓力實在不小。

因此，梅玉姐一開始非常低調，只有家人知道她這麼喜歡黃致列。但是，因為黃致列 2017 年 3 月 18 日在台北的一場商演，票房一直不理想，讓梅玉姐非常擔心，因此經過一番考慮後，她決定向她的志工團朋友大力推薦黃致列，甚至特地成立了一個 LINE 群組，積極分享黃致列的消息與表演的影片，希望能幫忙拉抬舉辦在即的演唱會票房。

此後，大家就都知道了梅玉姐喜歡黃致列，她果然也側面聽到有人在議論她為什麼會喜歡上「小鮮肉」，另外也有朋友當面嘲諷她太瘋狂，笑說一定是因為黃致列長得帥，才會讓梅玉姐這麼著迷。這些說法都讓她不太舒服，梅玉姐會向朋友再三說明，以她的閱歷及性格，怎麼可能會隨便愛上一個明星，但黃致列真

的是個很不一樣的歌手，他很努力也堅毅，因此真正吸引她的是他的人品、性格及幽默感。朋友回應她，韓國有很多明星也都很辛苦，梅玉姐則表明，那些明星雖然也辛苦，但可能有家人支持或經紀公司栽培，但黃致列真的什麼後台都沒有，完全靠自己苦撐堅持。梅玉姐常套用她兒子的話：「能集顏值、歌藝、舞技、藝能感、謙遜與禮貌於一身的只有黃致列了！」

梅玉姐說：「一些警界，包括生意人，他們都好奇怪說，我覺得妳好像喜歡小鮮肉，這種話～～，說妳這樣太瘋狂了！我有時候聽到了，真的會不舒服！其實我喜歡黃致列，不是因為他的外表，為什麼呢？我也不喜歡人家說他帥，我不喜歡耶，為什麼？所以，我寧可他素顏，為什麼？我說要看帥，我兒子比他帥很多，真的我兒子帥很多。所以他講說，妳就喜歡小鮮肉啦，妳就喜歡他帥啦！我就說真的不是這樣。」梅玉姐又說：「反正你這種年紀的，只要你經濟可以，然後就去做自己高興的事情。」

除了對「愛上小鮮肉」的有意無意的嘲諷，梅玉姐還常聽到朋友的仇韓言論，都說韓國很假、韓國人最會作假……等等，因此對她竟然喜歡韓國明星，偶有質疑之聲，甚至直接問她：「妳台灣的不喜歡，竟然去喜歡上韓國高麗棒子！」但梅玉姐認為，那些表面看起來像是對韓國人的刻板印象與排斥，其實骨子裡都是出於對她這年紀還追星的偏見。有一位年紀較長的黃致列粉絲，甚至曾問她：「妳怎麼什麼演唱會都去？不留給年輕人去追就好！」梅玉姐說，如果有能力的人不去捧場，黃致列怎麼能有好的發展。

　　但是，這些負面的評論並沒有動搖梅玉姐支持黃致列的心，她說黃致列就像自己的小孩，因此她會想要積極支持他的事業，就像她會為即將結婚的兒子買房、會支持女兒為理想遠赴美國讀書一樣，她也會想要為黃致列做好一些預備，想把好的東西留給他，為他鋪好未來的道路。她為黃致列開設 LINE 群組，目的就是想要為他培養新粉絲。雖然群組裡的人大多反應冷淡，她還是鍥而不捨，抱著傳福音的心態傳遞黃致列的正能量，就算不能讓這些人馬上成為黃致列的粉絲，但至少也能埋下正向的種子。

　　梅玉姐參加過多場演唱會，發現看來看去都是熟面孔，似乎新粉不多，她擔心等她們這些粉絲都老去時，沒辦法場場追的時候，黃致列的歌唱事業便無以為繼，因此很努力的要為他圈新粉。可見梅玉姐做為「親媽粉」，真是為黃致列這個兒子操碎了心。梅玉姐說：「黃致列跟一般的偶像是不一樣，為什麼這麼多媽媽喜歡她，姐姐們喜歡她？因為他發出了正能量就讓人家喜歡他，我就是這樣子，我只會講說他真的非常正能量，真的要去瞭解他，要去看他跟其他的明星不一樣。」

　　梅玉姐的兒子非常支持她追星，還時常轉發梅玉姐所分享的有關黃致列的資訊給客戶或朋友看，並說很以媽媽為榮，因為媽媽勇敢去做她想做的事。女兒也曾陪她去捷運站和黃致列的廣告看板拍照，梅玉姐說這讓她回想起二十多年前，她當時陪著讀中學的女兒到台北體育場聽 Michael Jackson 演唱會，又一路陪著女兒到 Michael Jackson 下塌的晶華酒店，就只為了等待他打開窗戶向粉絲們揮手的片刻，當時她女兒嘶吼、尖叫、淚崩的這一

幕幕，突然浮現她腦海，沒想到她竟會在年過 60 後，粉上和兒女一般年紀的黃致列，也突然懂得女兒當時的心情。

為了支持黃致列，梅玉姐展開許多人生的新嘗試與新學習。她學會如何剪輯、製作影片、研究拍照技巧、開設微博、打西瓜榜，還甚至為了能參加黃致列在韓國大邱的演唱會，第一次在沒有跟團的情況自己一人出國。但也在這個第一次自助旅行前往的韓國演唱會中，認識非常多的海外粉絲，有說中文、英文、韓文的，她覺得很熱鬧，也很好玩。

對梅玉姐來說，追星彷彿為她開啟了另一個世界、一扇面向世界的大窗，她也藉由參加海外演唱會順便出國旅遊，結交了各地的粉絲朋友。這些粉絲朋友大多溫暖又熱情，很樂於彼此協助及相互分享，因此她覺得日子過得特別有勁、人也特別有精神。她也覺得很奇怪，這樣為黃致列跑來跑去、忙來忙去的日子，她完全不會感覺疲倦。她說，如果沒有認識黃致列，她過的可能是一個平順卻呆板枯燥的人生，而現在追星帶給她很多的樂趣。

梅玉姐說：「雖然我六十幾歲，可是我我常常不覺得說我六十幾歲就老了，我沒有這種感覺，我的心態就覺得說我還在學習，如果值得我學習的，我還想去學習，然後想要吸收能量，像喜歡黃致列這一塊，也就是我喜歡，因為想要更去瞭解他，就開始去搜尋，包括去電腦找資料啊。」梅玉姐說：「致列就像自己的小孩，我會為他預備，把好的東西要留給他，我覺得，要做個什麼東西給他，我就去學啊，我就去學了視頻，然後以前拍照沒有那麼會拍，就去學啊！」

　　梅玉姐認為，退休的長者追星是很適合的，因為有錢也有閒。她誠心希望黃致列能快點找到心愛的伴侶，希望他能快樂幸福。雖然把黃致列當兒子一樣在疼，但她也很清楚終究與親生兒子不同，親生兒子可以近身接觸、噓寒問暖，但對於黃致列，雖然她的感情很熱烈，但還是只想遠遠的看，默默的支持，給他一種沒有壓迫感的愛。她多次提及她在網路上看到的幾句話：「當你支持他，就是把他送得遠遠的，成為天上的那顆星。」對此她很有共鳴，也是她的心情寫照。

　　梅玉姐自認可能因為上了年紀，所以對黃致列並沒有那種強烈占有的愛，甚至好幾次可以就近接觸黃致列，她都沒有想伸出手去握他，雖然這是很多烈火想做的事，她甚至在幾次可近身接觸的場合裡，刻意迴避或不想讓黃致列看見她，因為她不希望黃致列感到壓力，感到愛的壓迫感。就梅玉姐的觀察，很多比較年輕的烈火對黃致列的愛是充滿了占有慾的，甚至有些瘋狂的，但梅玉姐自認是理智且能掌握分寸的。梅玉姐買的應援品，很多都不是給自己，她都會拿去送人。梅玉姐還曾自費印製卡片，做成應援品，送給其她粉絲。她說：「錢不多，可是這也是一種心意，我自己有心意。」

銀霞奶奶

　　周銀霞，83 歲，大家都叫她銀霞奶奶。銀霞奶奶受過幾年日本教育，會讀日文書，但完全不識中文字。銀霞奶奶丈夫早已過

世，育有一兒一女，兒子都已經60多歲，自己也已經當上曾祖母。她一人獨居台中，某天在電視上看到黃致列唱歌，非常喜歡他的歌聲，也覺得他長得很好看，因此開始在手機上搜尋他的影片，她說她真的很愛看黃致列，看得很著迷，他的影片她可以看一整天也不覺得累，後來覺得手機螢幕實在太小，自己就去通訊行買了一個平板電腦。

她因為看電視上的「我是歌手」節目，認識了能歌善舞的黃致列，此後就整天都在看他。雖然黃致列說的韓文，她一句也聽不懂，但仍樂此不疲。連黃致列前一天抵達桃園機場的報導，她都能看上一整天。銀霞奶奶說台語、不識中文字，也有一點點重聽。當她得知黃致列將在台灣舉辦第一場演唱會，她沒參加任何粉絲團體，卻能在完全沒有其他粉絲的協助下，自己去全家超商購得演唱會的門票，並一人搭乘計程車、高鐵抵達位於台北國際會議廳的演唱會現場。

她覺得黃致列除了帥又會唱歌，而且看得出他是很好的人。她說她歲數這麼大了，一個人的好壞馬上看得出來，她說她第一次看到黃致列，就覺得他是個誠懇、有什麼就說什麼的人，尤其她看到黃致列和韓國的粉絲相處得很好，而且什麼都願意和粉絲分享，她認為這很不簡單。她又說黃致列看起來孩子氣很重、很調皮。她常比喻黃致列就像是一隻活潑的猴子，也常常招惹一些母猴跟在身邊團團轉。

她看不懂中文字，所以即便將韓文譯成中文，她也看不懂，但令人驚奇的是，她還是會在手機及平板上看黃致列的消息，而

且對黃致列的表演與各種活動瞭若指掌。她的手機與平板裡存滿黃致列的照片，而且每張照片，她都能立即說出是黃致列在何時何地拍攝的。我很好奇不識字的她要如何搜尋這些資訊，她笑笑說：「網路只要打開就有啦！」有時候她也會請幫她洗頭小姐幫忙，或請通訊行的年輕人協助。她還說，她看到黃致列最近會有見面會，她很生氣，竟然沒有告訴她，她故意用開玩笑的口吻說：「我下次見到他一定要罵他，怎麼都沒告訴我！」我說，那是在韓國辦的，妳有可能去嗎？她說，只要身體好好的，她就會去。

對她來說，黃致列就像自己的孫子一樣，每次來參加場演唱會，她都準備了一個紅包想交給他，她知道黃致列的粉絲會送他各種東西，但她老人家覺得送那些小娃娃啊沒什麼用處，因此想要包一個紅包給他，紅紅的，祝福他以後可以賺大錢。但可惜，參加了三場演唱會，都沒有機會親自送給黃致列。銀霞奶奶說：「我只要一看到他就很高興，真的很奇怪，是怎麼樣你知道嗎？他那一對眼睛太迷人了。真的耶！看到他就很高興耶！看到他連肚子也都不會餓耶！他那個眼睛喔！不是那種瞇瞇眼喔！好特別啦！有這種眼睛的人很少。」

銀霞奶奶的兒孫對她很孝順，每個月都會給她好幾萬元供她花用，所以她自認是有福氣的人。但家人對於銀霞奶奶追星的心情與心願，卻不太理會。她說她兒子只對棒球有興趣，一講到棒球就興致高昂、講個不停，但奶奶要跟他聊黃致列，他就愛理不理。而年輕的孫子，也只顧著賺錢而已。銀霞奶奶說：「他們（兒孫）跟我說話不合啊！如果我要跟他們說黃致列的事，他們就說

不想聽，他們就說他們要說的，我就跟他們說我們講話不合，不要說了！」自從喜歡上黃致列，又有了手機與平板，她就告訴她的兒孫們，現在他們都不必來理她了，因為她都忙著看黃致列。她每天早上一張開眼睛的第一件事，就先看今天黃致列有沒有什麼好節目，所以她二十四小時都很忙。銀霞奶奶說：「這樣做人才有意思啊，你看我已經活到了八十幾歲。在我前面，我看到很多人死了，我發現人就是要開朗。」

　　她說那些老人家朋友，每天都在看股票，讓她覺得很無趣。自從參加演唱會、認識了後援會的粉絲之後，一些後援會的粉絲會刻意去台中找她，而一位新加坡粉絲知道她這位高齡粉絲之後，還主動寄給她很多黃致列的照片及海報，她高高興興貼滿了整個房間。她說，黃致列的粉絲人都好好，她實在很高興認識了這麼多也很愛看黃致列的朋友，因為大家都很有話聊。問她有人會笑她喜歡上這麼年輕的韓國明星嗎？銀霞奶奶說，她沒有什麼感覺，也不會去想那些，因為她想看就看，年紀再大也能看，就只怕走不動、來不了而已。她豪氣的說：「反正都是花自己的時間與金錢，有什麼不好意思的？」

素華姐

　　素華姐，74歲，高雄人。初中畢業，有一個女兒、三個兒子，兒女也都已經四十幾歲，先生十幾年前過世，目前和小兒子及兩個孫女同住。年輕時素華姐曾在台北一家小型的服飾公司縫製公

司行號的制服，四十多歲後回高雄自立門戶，在家裡接訂單，也偶爾也會設計表演用的原住民服飾。

　　一開始素華姐的兒子在觀看韓國的「看見你的聲音」節目，剛好正是黃致列沉寂九年後再次受到觀眾矚目，並登上熱搜而翻轉人生的那一集。當時素華姐就覺得這個人歌唱得很不錯，後來台灣的電視台播放「我是歌手」第四季，兒子說這個人好像就是參加「看見你的聲音」的那一個，所以素華姐又再次看到黃致列的演出。

　　從黃致列在「我是歌手」中的第一首參賽歌曲「那個人」開始，素華姐覺得他的歌聲愈聽愈好聽，之後就把黃致列所有的影片，不管是唱歌、跳舞或實境秀，也不論長的或短的，全部搜出來觀看。透過像「我獨自生活」這樣的實境節目，素華姐被黃致列樸實、刻苦且不過度包裝的特質所吸引。她說：「怎麼會有這麼真實的人！我就覺得這個年輕人真的很不簡單，沒有一個藝人像他這樣……，又有一點呆萌。」之後，她就整天播放黃致列的歌，跟著黃致列的節目又哭又笑，她戲稱她此舉是「不管家人有什麼感受」，並且說她著迷的程度，有時家人甚至會想，媽媽是不是瘋了，看到致列哭也跟著哭。

　　為了搜尋更多黃致列的訊息，為了更迅速掌握黃致列的各種動態，也為了能順利購買到黃致列演唱會的門票，素華姐開始了各種 3C 與新媒體科技的接觸與學習。除了在 YouTube 上搜尋黃致列的表演影片之外，她還學習如何使用臉書、LINE，以方便即時獲知黃致列粉絲團的各種活動與消息。由於「我是歌手」是在

中國製播，因此黃致列的中國粉絲特別多，黃致列也因此開設了微博帳號，黃致列的中國後援會、粉絲團體也大都透過微博集結、分享資訊，還會有專人翻譯黃致列上的韓國綜藝節目或在「上班路」或機場與韓國粉絲的互動影片，因此素華姐也在其他粉絲的推介與協助下，開了微博帳號；甚至，從另一位高齡粉絲的口中得知，「嗶哩嗶哩站」中有更多已上中文字幕的韓國綜藝節目，因此素華姐也開始在年輕人聚集、人們暱稱「B 站」的平台中，搜尋黃致列的各種蹤跡。此外，為了更方便觀看黃致列的節目，她還特地去購買了一個平板。

素華姐說：「那時候可以說是像瘋了一樣，一直找他的視頻看，一直看一直看，只要出現黃致列，真的是我就會進去，用盡什麼方法，甚至在 Google 裡面進不了這個網頁，那時候我還沒有加入 MAMAMI，進不了這個網頁，我會在 Google 裡面打上說蘋果要如何進入什麼網頁，然後它就會有一篇篇出來有沒有，哈哈哈～」她說：「臉書也是之後才用的啊，以前我都沒有加過臉書，什麼都沒有，也是自從加入後，認識那些致列的粉絲之後，她們才開始教我說臉書怎麼用，LINE 怎麼用。上 YouTube 上面去查致列的影片，也是粉絲她們教我的啊！」

粉上黃致列後，自此，素華姐的生活大為不同。過去的她，因為是在家裡接客戶的訂單，每天都待在家裡工作，也沒有什麼朋友，就只有偶爾看看電視，生活單一且苦悶。但自從「中了黃致列的毒」之後，都是邊工作邊播放黃致列的歌，一有空就去各個資訊平台去搜尋黃致列的消息。除了加入黃致列的台灣後援會

之外，她還每天在臉書、微博上與其他粉絲交流訊息，也因此認識了很多來自世界各地、不同年齡的朋友，有韓國人、中國人、馬來西亞人、新加坡人，甚至祕魯人。她說祕魯那個女孩寫英文，她看不懂，但這位年輕女孩會唱黃致列的歌給她聽，會教她這句要怎麼唱，素華姐說她自己英文很不好，所以經常是祕魯女孩說英文，素華姐就用國語回答，就這樣兩個人竟然可以講了一兩個月的話，連她的女兒都嘖嘖稱奇，覺得素華姐很厲害，也很驚訝媽媽怎麼會有這麼多的朋友。

素華姐年輕時不曾追過星，一開始也覺得自己年紀這麼大了，這樣追星好像有一點點奇怪，也會擔心被笑。她的弟弟個性比較古板，曾唸她：「那麼老了，還追什麼星啊？」但後來素華姐在網路上及後援會的活動裡看到這麼多粉絲，大家來自西面八方，也都和樂融融，就不覺得自己有什麼奇怪的了。

對素華姐來說，黃致列就像自己的兒子一樣，她很關心他，很希望他好，不希望他受傷，如果他受傷了，就會很擔心、很難過，而且一點也不能看到黃致列哭，只要看到他哭就會受不了。素華姐說：「最主要是他的形象很好，人品很好，一直到現在都一樣，一直都沒變，所以我們才覺得這個小孩子真的很可以啦！我們都把他當作兒子看待。」而且她也會試圖去影響身邊的人，素華姐說：「我有一個客戶，也是做衣服的，我就時不時的傳一個給她聽這樣。我也都會問她，聽得怎樣。她就說，很好聽，而且人很帥。我就告訴她，不只是人帥、歌好聽，人品也很好！主要是人品很好。」

　　此外，素華姐觀察到，年輕粉絲比較在意黃致列的身材及造型，而且比較玻璃心，連 MV 中見到黃致列與女主角親熱都會受不了，甚至直接要黃致列下次 MV 中不要安排有女主角。但對像素華姐這樣的媽媽粉絲來說，她們更關心的是黃致列的事業，而且希望他能趕快找到一個伴侶。

　　素華姐自己的兒女個性比較木納，極少表達感情，她常想如果自己的兒子也是像黃致列那樣，看到媽媽就抱抱，很會撒嬌，她應該會很高興。對於媽媽這麼喜歡黃致列，她兒子表面上雖不怎麼關心，但只要素華姐一天沒放黃致列的歌，他們反而會擔心媽媽今天是怎麼了。素華姐說：「對！每天都很多事可做！他們也比較放心，因為這樣我們很多朋友可以聊，就不會像人家說，一天到晚在家裡都只會……都沒有朋友這樣子，就心裡面越來越容易說憂鬱還是什麼，我都不會！我都很開朗，因為很多朋友，朋友太多了！哈哈～」

　　素華姐認為追星的收穫非常大，也自認受到黃致列正能量的感染，人也變得開朗且正向，甚至與家人的關係也變得更好。素華姐說：「因為他是很充滿正能量的人，所以我們就聽他的歌，看他的視頻都會覺得信心滿滿的，每天都很快樂！」她也因此認識不同國籍的、不同年齡層的粉絲朋友，並學會許多新 3C 科技，這些都會讓她更有自信及能力感。素華姐也積極參與黃致列的演唱會及各種粉絲圈的活動，讓她不再只宅在家裡憂鬱。她說：「以前都是一個人在家，我是做衣服的，有時沒有做，就是一個人在家裡。在家裡的時候，每天不是這個痛就是那裡痛，沒有那個生

活的動力，後來加入群組裡面，哇，每天都聊不完。每天都好像不會生病一樣。」素華姐又說：「好像自己不是說只有局限在一個地方，好像很多地方都更遠更開闊，而且又認識好多朋友，很多方面都收穫很多，而且大家都對我這麼好，真的是生活變得多彩多姿，每天都很快樂！有什麼困難的事，都互相打氣。」

　　素華姐膝關節常年不好，因此行動不便，但她因怕痛、擔心有風險，一直遲遲不願去開刀，但在參加完兩次黃致列的演唱會之後，她覺得她的行動不便，會拖累同行的年輕粉絲，雖然這些年輕粉絲也都會特別關照她，但她還是覺得這樣沒辦法盡情的追星，尤其她還想要去海外聽黃致列的演唱會，因此她便決定克服內心恐懼，毅然決然的去做膝蓋手術，她說這都是黃致列帶給她的力量。

　　對素華姐來說，黃致列是個溫暖、體貼，為了音樂路勇往直前，誠心、節儉的乖孩子，因為他，素華姐每天都是精神奕奕，開心快樂的生活，為了想再看到黃致列，素華姐說她會好好的照顧自己，並期待再相見之日。她說：「有致列的音樂相伴，我覺得自己是個幸福的媽媽粉！」

莉芳姐

　　莉芳姐，71 歲，在結婚前曾在工廠擔任英文打字員，婚後生了大女兒，為了照顧小孩決定離職，直到老三上幼稚園後，又回到職場，在某家電子公司擔任生產管理。後來，先生生意失敗，

在婆婆的要求下，再度離職出來做生意。這幾年莉芳姐夫妻倆原本皆已退休，但因很空閒，怕會無聊，所以又出來在市場做點小生意，但都只有早上，而且經常不拿報酬的幫忙朋友做一些雜事。

莉芳姐是在「MAMAMI 國際粉絲會」的 LINE 群組中認識的。當時「MAMAMI」的群組中另外又組了一個專門打榜的打榜群，在這個群組裡，粉絲們互通打榜技能與訊息，並且不定時的會以團體的方式集中作戰，稱為「總攻」。由於韓國音源的打榜，只有韓文的界面，並且註冊規則複雜、操作程序繁瑣，加上經常是在台灣的深夜才進行總攻，因此鮮少長輩參加。然而莉芳姐卻「勇敢」的加入打榜組，雖然第一次參加總攻時，由於不熟悉，不僅動作慢，也一再出錯。第二次她再度鼓起勇氣參加，群裡姐妹也都耐心的教她，最後於她終於克服困難，成功參與總攻。之後，一些透過遊戲過關才能獲得投票機會的排行榜活動，她甚至玩得比年輕的粉絲還上手。

莉芳姐一直謙稱自己木訥、不會說話，但事實上，她非常健談，而且對她過去坎坷痛苦的人生、喜歡上黃致列的原因、以及黃致列帶給她的正面幫助，表達得非常清晰且真摯，黃致列的奮鬥歷程及樂觀的人生態度對她影響之深，令人既驚訝又感動。

莉芳姐說，有一天她和女兒在家無聊隨意打開電視，正好播出了「我是歌手」的節目，當時莉芳姐本來是在看她的手機，但當黃致列的歌聲一出來，她馬上抬頭，跟女兒說怎麼這個聲音這麼好聽？莉芳姐平時很少看電視，也從不看韓劇，因此女兒對莉芳姐的反應感到很奇怪，笑問：「妳不是都不看韓劇的，也不喜

歡韓國的，妳怎麼會被他聲音迷住了？」莉芳姐說：「對啊，可是這個聲音還蠻好聽的。」莉芳姐說，可能是黃致列聲音的頻率，莉芳姐特別喜歡，她覺得其他人的聲音都不好聽。

之後，莉芳姐又看了黃致列參與的韓國實境節目「我獨自生活」，覺得這個男孩個性真的很不錯，後來他的消息越看越多，到了黃致列被誤傳隨意丟棄粉絲禮物，而受到大量中國輿論謾罵的時候，莉芳姐見到黃致列非常有氣度的回應方式，還請他的粉絲千萬不要回罵，那時候才真的喜歡上他。自此之後，莉芳姐像瘋了一樣的一直找黃致列的視頻來看，用盡各種方法，任何訊息都不放過。

莉芳姐覺得黃致列歷經九年的不順遂，還可以如此堅持不懈，並且依然保持這麼純真的個性，未被名利所誘惑，實在非常難得。加上她看到他孝順父母、對朋友真誠，而且事事感恩的態度，讓莉芳姐更加的欣賞與喜愛。莉芳姐認為九年的無名期，讓黃致列磨練成一個有內涵、有深度的男孩，也讓她非常想要幫助他、支持他。

加入了粉絲群後，見到群裡的幹部在徵求打榜生力軍，希望能讓黃致列歌進入韓國的西瓜榜，莉芳姐想說，雖然當時的她已經六十七、八歲了，但真的很想讓黃致列在韓國能成名、占有一席之地，因此她就請姐妹教她，當天晚上 12：30 就進入打榜的行列。除此以外，其他應援與集資活動，她也會在能力範圍內支持。對莉芳姐來說，黃致列是個上進的年輕人，因此很希望能拉他一把，幫助他更上一層樓，就像她自己早年困苦的時候，也多

希望有人能這樣給她幫助，因此她很願意成為黃致列的貴人。

　　莉芳姐說，自從粉上了黃致列，她真的學習了很多，讓她在這個年紀，還有機會不斷接觸新事物。她說，為了看黃致列的影片，她從一個連 Email 是什麼都不知道的人，到成功註冊微博、使用 VPN 翻牆、玩遊戲投票、下載 Bililbili、愛豆這些 APP。然而，黃致列對莉芳姐的影響，不僅僅是這些 3C、新媒體科技的操作與使用上，甚至對她的人生帶來很大的變化。

　　莉芳姐的原生家庭大起大落過，但因為曾經發達過，所以不太瞧得起莉芳姐先生較為清寒的家境，因此並不贊成他們的婚事。當時莉芳姐不顧反對，空手嫁過去，家人對她落下：「你嫁得的再怎麼苦，都不能回家哭訴」的狠話，因此莉芳姐的先生之後生意一再被倒、加上連續三個小孩出生，經濟陷入極大困境，甚至苦到想要結束自己的生命，一了百了。即便如此，好強的莉芳姐也因為當時家人對她放的話，咬牙不向娘家哭訴、求援，甚至為了撐面子，逢年過節她也都還要包紅包給爸媽。莉芳姐的姐姐後來知道了她的窘境，只說那都是莉芳姐自找的，也因此，這些不堪的過往經歷，造成莉芳姐自卑又自閉的心態，在和經濟相對非常寬裕的姐姐互動時，還會打腫臉充胖子，以驕傲掩飾她的自卑。

　　莉芳姐的姐姐嫁給埔里當地非常有錢的家庭，所以完全是貴婦的品味，一起出門時，她會鼓吹莉芳姐購買極端昂貴、卻一點也不適合莉芳姐的衣服，或邀莉芳姐一起分攤一餐將近三萬元的牛排、九千多元的鐵板燒，基於自卑的心態，莉芳姐心雖不樂意、

也感到吃力，但卻一次次的掏錢買單，連兒女都看不下去，一直勸她不要再被阿姨牽著鼻著走。

莉芳姐說，她看到黃致列在默默無名、生活困頓，甚至看不到未來曙光時，依然表現出積極、樂觀、又幽默的態度，這讓她意識到一個人的價值並不在於外在的物質上。她說：「其實我也不怕妳笑，當我看到黃致列那個『我獨自生活』的時候，我每一次看每一次哭，後來我才發現說他為了唱歌喝油，他因為沒錢，他一路捨不得買，他買廉價品，然後為的就是堅持他所喜歡的音樂……我就覺得說，一個人，你看他活的那麼自在、那麼好，那時候我就覺得，一個人不一定靠你的衣服，靠你的吃穿來來提高你的人品，我要去像黃致列這樣子。」自此，她開始學會拒絕姐姐向她強力推銷的名貴衣物，也會主動邀姐姐一起去吃拉麵，而不是那種天價的名貴餐廳。

因此，莉芳姐認為她之所以能從自卑走向自信，並能跳脫以外在物質評斷個人價值，都是受到黃致列的感染，她說：「我就跟我女兒說，我一個六十幾歲的人，從一個三十幾歲的韓國歌星裡面學到了什麼叫做甘之如飴，什麼叫做說，你該有的，你可以聽天命，但是你一定要盡你的力量，讓你自己過得很好，你的命運是老天爺安排的，你沒有辦法去搏它、去抵抗它，但是你可以在你的環境裡面你去改善它，讓你自己在不好的命運裡面，過得好一點的生活，他給我的感覺真的就是這樣。」莉芳姐認為，是黃致列的人品與處世哲學感染了她，讓她「從一個不懂事的老人，蛻變成一個懂事的老人」。

除此之外，莉芳姐也變得很有朝氣與活力：「自己最大的改變就是，我整個心情的改變，我的心理改變，變得我比較不會鑽牛角尖，我比較開朗，而且我也比較會站在對方的立場來想，也比較有活力與朝氣。」莉芳姐整個人的磁場都不一樣了，心變柔軟了，說話不再像以前那樣帶刺，甚至學會換位思考、同理別人的困難，因此與家族成員及鄰居朋友的關係也無形中改善了。她老公也認為，自從粉上黃致列之後，莉芳姐的改變真的很大，甚至笑說：「喔～黃致列真的很有魅力！黃致列真的讓你改變非常大耶！他幹嘛要有九年的無名期啊，早一點出來不是更好嗎？」

莉芳姐的兒女原先是觀望的態度，尤其女兒一再提醒她不要跟著粉絲團集資應援以免被騙，但到了後來，看到莉芳姐正向的改變後，全家人轉為全力的支持。莉芳姐北上參加黃致列在台北舉辦演唱會，門票是先生支付的，而高鐵票則是女兒主動購買的。當莉芳姐在為黃致列打榜時，兒子與女兒都知道這時候千萬不能去打擾媽媽，連電話都不敢打。莉芳姐的兒子不時還會跟她開玩笑：「你的黃先生什麼時候要來唱歌？妳還要再為妳的黃先生打榜嗎？」莉芳姐的女兒本身對黃致列一點興趣也沒有，但她還是支持媽媽去追星，莉芳姐說：「因為他們看過我年輕的坎坷，而且他們也看過我為這個家庭的付出，所以他們認為說，我老了應該追求我自己喜歡的東西。」

對莉芳姐來說，黃致列同時具備兒子、隱形的朋友、隱形的老師，這些多重身份，她說：「對我來講的話，有很多種身份，他像兒子，因為我像兒子般地疼惜他，如果我兒子這樣子的話，

我會很心疼，那麼辛苦去奮鬥，我會心疼。然後他又像我一個隱形的朋友，因為我在心情不好，我放他的視頻，我看他在撒嬌，看他們怎麼在外面逗啊幹什麼的，我就心情很好了，他就像我一個隱形的朋友；然後他也像我一個隱形的老師，因為我真的在發脾氣的時候，我會去翻他的『不朽』上下班那些，我會在那邊看他的，看他有時候在講的，有的時候他們在網路上都說什麼『黃老師的金玉良言』，我有時候會去看他的那些視頻，而且我會看他的一些處事，有時候我會在想說，其實我應該可以像他這樣子的把心胸擴大，因為人生不過就是這樣子走一回而已。我為什麼要把斤斤計較的事情放在我身上，就像他講的，過了就算了，往前走，不要往後看。」

　　然而，粉上黃致列，莉芳姐只對家人說，對外仍羞於說出口，尤其不想讓那些只聽台語歌的同輩老人家知道，一方面覺得他們不能理解，二來也不希望人家背後說閒話，說她這麼老了還在追星。她姐姐就曾批評：「像妳這麼老了，還跟人家一起去追星幹什麼！」「妳很無聊耶，幹嘛去喜歡韓國的？」家族的人還笑鬧說黃致列是阿嬤的小鮮肉，阿嬤還有少女心等等。雖然絕非出於惡意，但莉梅姐還是會感到不好意思。莉芳姐說：「因為妳終究上了這個年紀了，妳還在追人家年輕小夥子……他們終究不知道黃致列到底是何許人物，只知道是一個年輕的、唱歌的，像他們在追 EXO 一樣，像他們在追那些男團女團一樣，純粹只是欣賞他的美貌、帥，他們會把妳列入為那一個裡面，因為終究心境不一樣，但他們就是會認為說妳就是追小鮮肉。」

　　莉芳姐雖然追星，但她只想支持黃致列，想要「拉他一把」，對他並沒有占有慾，也不會像年輕粉絲會在群組裡說一些「肉麻露骨」的話。莉芳姐說：「等他站穩了腳步，就會慢慢退出。因為我昨天跟妳講說，也許當他真的有名了，成功了，也許我就會從黃致列粉絲團中整個退出來了。因為我當時的想法是樣子，只要他成功了，就不用我們這些人了。」

陸、結語

　　本研究藉由韓國歌手黃致列的高齡女性粉絲的參與觀察與深度訪談，對高齡女性如何在日常生活情境中運用新通訊科技以實現自我、擴展生活、社會互動和情感連結，藉此重新定義自己成為公共領域的參與者，甚或促成個人解放或賦權進行細緻考察。這些在人生經歷、成長背景與生命階段，與年輕粉絲迥然不同的高齡婦女，在追星的實踐與意義上，又有何差異？這些差異又具有什麼年齡政治意涵？研究發現：

一、追星實踐成為高齡女性對網路科技學習與運用的外在誘因與內在動力

　　在傳播科技日趨成熟普遍的時代，網路科技的學習與運用更成為現代人生活必備的能力。如今，網路科技更成為粉絲文化裡資訊傳遞、散布的最佳工具，偶像的最新動態、社群的活動訊息

都仰賴網路的傳播。刻板印象中，高齡者總是 3C 產品的門外漢，老年人不願學習，也無力運用這些新傳播科技的產品與技術。然而，本研究發現，這些黃致列的高齡女性粉絲，一開始也大都對新傳播科技的產品與技術相當陌生，卻由於參與了追星活動，為了更進一步親近偶像明星、分享更多資訊、參與更多活動，3C 產品的使用成為她們相當重要的溝通媒介，也成為學習的動力。

在追星過程中，一個原本連 Email 是什麼都不知道的高齡者，學習到如何使用 Google 查詢、蒐集資料，如何使用 FB、LINE、YouTube；學到如何註冊微博、使用 VPN 翻牆、玩遊戲投票、下載 bilibili、愛豆這些 APP。她們甚至學會如何剪輯、製作影片、研究拍照技巧、開設微博、打音源榜。這些高齡女性粉絲證明了，新傳播科技產品與技術的學習和運用，無關年齡、性別、能力，而在於是否有激發的動力。由於對黃致列的熱愛，也讓她們願意接近、學習新傳播科技的產品與技術。

二、粉絲活動成為這些高齡女性突破家庭領域，介入非體制性社會活動的重要形式

女人追星不只是對偶像的崇拜，也讓一些原本以家庭為主要活動領域與關懷的婦女，走出戶外、結交朋友，因而拓展活動空間及生活視野。然而，這種違反父權家庭體制的行動，往往會受到反對和阻撓。其中，年輕媽媽粉受到的壓力更大，在無力對抗的情況下，她們必須想辦法以迴避方式，尋求逃逸的可能。然而，

對這些高齡女性而言，則相對具有較高的自由度與能動性。雖然也可能遭受反對，但她們透過與丈夫、兒女的折衝、協商的過程，甚至直接對抗的方式獲得支持。相對於男性的強權，這些高齡女性堅定、委婉的「弱政治」手段，也成為參與民間社群文化發展的重要策略。粉絲活動成為她們突破家庭領域，介入非體制性社會活動的重要形式。

七、八十歲的高齡者，往往被認為是公共或社會活動的低度參與者，她們似乎只能宅在家裡不想外出，生活就在無聊、空虛中度過，淪為社會邊緣人。但是，這些高齡女性自從成為黃致列的粉絲以後，她們不但心有所繫、情有所依，也讓生活充滿熱情與盼望。雖然有些高齡女性對追星仍然羞於開口，但在家庭中往往會透過協商，甚至直接爭取的方式，捍衛自己追星的權利，並且對抗日常生活的某些困境，這些行動賦予了她們有別於女性主義宏觀政治訴求的日常生活「微觀權力」。

此外，追星實踐也為高齡女性帶來了實際效用，為這些對現實生活有所不滿，卻又無力還擊的高齡女性提供了一種改變的可能性，儘管這種改變常常是精神上的而非現實權力的結構。這些微觀的現實效用主要包括：獲得家庭支援與補償性自尊感，以及精神寄託與激勵，並且在高齡粉絲社群內部建立起「另類生命同體」，改變的並非社會，而是成員自身的生命主體與賦權力量，此後，生活的領域不再只有丈夫、兒女與家務勞動，還有自己與外在的世界。

三、追星實踐成為高齡女性肯定自我、拓展生活空間的促轉行動

網路是溝通、傳播的媒介，除了訊息的蒐集與分享外，透過網路集結同好對偶像應援的支持，粉絲活動也成為連結全球各地「媽媽粉」的橋樑。這些高齡女性在粉絲活動中、在網路世界中，透過粉絲身分及其共同擁有的經驗，建立了自我認同、自我肯定，也因為透過知識和技能的學習、資訊的蒐集與分享，以及人際關係的連結，從而產生更多文化資本與社會資本的累積。這些高齡女性粉絲表示，原本木訥、消極，充滿坎坷痛苦或是平順卻呆板枯燥的人生，因為追星帶給她們很多的樂趣。因此，追星實踐為高齡女性開啟另一個世界，一扇面向世界的大窗。

這些高齡女性，有人是事業成功、家世顯赫的社會菁英，有的是生命坎坷、生活艱辛的傳統婦女。她們對於追星，一開始往往會產生自我質疑，然而參與粉絲活動後，她們明顯的感受到追星帶來的正面力量。為了追星，她們接觸英文、韓文，不但增加了自身的文化資本；這些高齡女性還每天在臉書、微博上與其他粉絲交流訊息，也因此認識了很多來自世界各地、不同年齡的朋友，包括韓國、中國、馬來西亞、新加坡，甚至祕魯。透過活動的參與、粉絲們的相互支持，也促進人際關係增加了社會資本。這些高齡女性透過對黃致列的支持和應援，讓她們從自卑走向自信；也透過黃致列的刻苦故事，她們學到了什麼叫做甘之如飴，學到了如何改變怨天尤人的命運，如何好好過自己的生活。此後，

生命已經不再局限於狹隘的角落，面對的是更開闊、更遙遠的世界，於是讓生活變得多彩多姿，每天都精神奕奕。

四、高齡女性粉絲的追星實踐，顯現多的是母愛的關懷，比較少有情慾的占有

追星實踐是一種愛戀的行動，也常常成為情感的迷幻劑。從社會結構分析，女性受到傳統的束縛往往比男性多，想要擺脫束縛的欲求也比男性強，或許因而更容易產生崇拜偶像的現象。透過追星實踐的愉悅與凝視過程，尋求生命翻轉、解放的力量。然而，這也可能使女性更注重被男性偶像所激發出來的心理情緒反應，從而投入豐富的情感，產生依戀式的認同，因而反過來鞏固了父權體制的霸權。這種沉湎式依戀容易造成低自我概念、自我迷失，以及虛榮滿足的心理現象。

然而，有別於刻板印象中年輕粉絲對偶像明星情慾的占有，這些高齡女性粉絲的追星實踐，更傾向一種母愛的關懷和奉獻。雖然有人會嘲諷這些高齡女性是迷上小鮮肉、愛上小情人，但大多數的高齡女性粉絲，都將黃致列視為自己的孩子，甚至是孫子看待。有人直接叫黃致列「愛兒」、「寶貝兒子」、「乾兒子」，把黃致列當兒子疼，沒有其他情慾的意圖。依據這些高齡女性粉絲的觀察，年輕粉絲比較在意黃致列的身材及造型，並且有較強烈的占有慾，連在 MV 中見到黃致列與女主角親熱都會受不了，甚至直接要求下次 MV 中不要再安排女主角。但對高齡的媽媽

粉絲來說，她們更關心的是黃致列的人品、事業，而且希望他能趕快找一個對象。有些高齡粉絲很清楚黃致列終究與親生兒子不同，不能近身接觸、噓寒問暖，雖然感情很熱烈，但還是只想遠遠的看著、默默的支持，給他一種沒有壓迫感的愛。

　　她們大多表明對黃致列的愛是一種母親對兒子的愛，希望他幸福、事業有成。有些高齡粉絲表示要用餘生來陪伴，也有些高齡粉絲說當黃致列成功之時，願意默默地退出「烈火」的行列，就像一位母親在看顧、栽培孩子一樣，無怨無悔。或許，人們可以評論說，這些高齡女性似仍未脫離父權社會分派給女性無私奉獻的角色，因此可能再度鞏固了母職天性的意識型態，未能顛覆父權社會下的性別秩序。但是，換個角度來看，因為在現實生活中，親子、夫妻情感或家庭角色改變，造成自我和情感的失落，卻在餘生之年，做了自己想做的事，這種「失而復得：自我的懷舊式尋回」（lost and found: The nostalgic regaining of the self）[19]，讓她們壓抑的情緒找到彌補和發洩的途徑，因而重新獲得情感體驗與表達的能力，未嘗不是高齡女性粉絲追星的能動性，所產生的積極意義，更重要的是，她們突破傳統的束縛，讓生活世界不再僅侷限於家庭兒女與配偶之間。

19　借用 Ho, Swee Lin （2012） 在 'Emotions, Desires, and Fantasies: What Idolizing Means for Yon-sama Fans in Japan' 一文中的標題。

參考書目

方詩瑋（2018）。《國中生偶像崇拜、自我一致性與生活滿意度之關係研究——以彰化縣為例》。大葉大學休閒事業管理學系碩士班碩士論文。

王詠珊（2017）。《群眾集資與迷社群的募款動員行為研究——以韓迷應援活動為例》。南台科技大學資訊傳播系碩士論文。

王凝翠（2006）。《想像的主體與想像的社群：以台灣的傑尼斯迷為例》。國立台灣大學人類學研究所碩士論文。

王豔（2019）。〈移動連接與「可攜帶社群」：「老漂族」的微信使用及其社會關係再嵌入〉。《傳播與社會學刊》，(47)，87-133。

宋兆平（2012）。《從網路傳播觀點探究跨國粉絲行為——以日本偶像團體 AKB48 台灣粉絲為例》。元智大學資訊社會學碩士學位學程碩士論文。

宋昀姮（2013）。《少女時代台灣女迷的跨國認同與性別展演》。國立中正大學電訊傳播研究所碩士論文。

李育欣（2019）。《中高齡者使用社群媒體行為之研究——以 YouTube 為例》。南台科技大學資訊傳播系碩士論文。

周昱伶（2011）。《華流偶像的日本 30 代女性迷群研究》。國立台灣師範大學大眾傳播研究所碩士論文。

周筱婷（2016）。《台灣哈韓族的跨國追星實踐》。國立台灣師範大學大眾傳播研究所碩士論文。

林文婷（2011）。《追星族的新人：少女時代男性迷群的消費與認同》。國立台灣師範大學大眾傳播研究所碩士論文。

林怡秀（2018）。《在台灣的日本搖滾樂迷的認同政治——以演唱會與網路社群平台中的行動為例》。東海大學日本語言文化學系碩士論文。

林真如（2017）。《退休人員使用即時通訊軟體 LINE 與休閒效益之研究》。康寧大學休閒管理研究所碩士論文。

林淑芳（2017）。〈社交媒體研究－回顧與展望〉。《資訊社會研究》，(32)，1-8。doi:10.29843/JCCIS.201701_(32).0001

林瑞敏（2017）。《為什麼高齡者會持續使用行動通訊軟體——以 LINE 為例》。大葉大學資訊管理學系碩士班碩士論文。

康庭瑜（2019a）。〈賦權及其極限？後女性主義、社群媒體與自拍〉。《新聞學研究》，(141)，1-38。doi:10.30386/MCR.201910_(141).0001

康庭瑜（2019b）。〈「只是性感，不是放蕩」：社群媒體女性自拍文化的象徵性劃界實踐〉。《中華傳播學刊》，(35)，125-158。doi:10.3966/172635812019060035004

張秀鳳（2017）。《青少年偶像崇拜、追隨行為與幸福感之相關研究》。大葉大學國際企業管理學系碩士在職專班碩士論文。

張詠瑛（2018）。《日常國族性：跨國 K-pop 場域中台灣粉絲的實作》。國立台灣大學社會學研究所碩士論文。

陳佩鈺（2013）。《台灣韓流偶像迷群對應援文化的實踐與認同》。國立台灣師範大學大眾傳播研究所碩士論文。

陳佳音（2015）。《中高齡者使用通訊軟體 LINE 行為意向之探究》。南開科技大學福祉科技與服務管理所碩士論文。

陳研利（2012）。《「韓流」過境下的迷文化：探討「迷」群與網路科技的互動模式》。國立中山大學傳播管理研究所碩士論文。

陳詠珊（2017）。《LINE 貼圖視覺圖像對中高齡者認知與喜好之研究》。玄奘大學視覺傳達設計學系碩士班碩士論文。

陳瑾嫻（2018）。《「韓」流襲台——台灣青壯年韓劇觀賞對偶像崇拜及消費行為之研究》。國立台灣藝術大學廣播電視學系碩士班廣播電視組碩士論文。

彭子欣（2017）。《偶像崇拜與崇拜行為之相關研究》。台北市立大學心理與諮商學系心理與諮商教學碩士學位班碩士論文。

曾增恩（2014）。《青少年對虛擬偶像「初音未來」的認同歷程與迷文化之研究》。國立台北教育大學教育傳播與科技研究所碩士論文。

程琪媛（2019）。《台灣韓國演藝偶像迷的成年追星圖像》。國立清華大學人類學研究所碩士論文。

黃旭鋒（2016）。《移動的常民生活縫隙：熟齡婦女 LINE 上語言展演與認同協商》。世新大學傳播管理學研究所碩士論文。

黃幀昕（2019）。《線上粉絲社群如何「製造」新媒體事件》國立政治大學傳播學院傳播碩士學位學程碩士論文。

楊立行、許清芳（2019）。〈社群媒體上分手文章的性別差異：文本分析取徑〉。《中華心理學刊》，61(3)，209-230。doi:10.6129/CJP.201909_61(3).0003

遊琬琳（2019）。《國小高年級學生偶像崇拜與同儕關係之研究──以金門縣國小為例》。國立屏東大學教育學系碩士班碩士論文。

廖敏真（2016）。《中高齡者 LINE 使用動機、網路社會支持與幸福感之相關研究》。國立屏東大學教育心理與輔導學系碩士班碩士論文。

趙蘭英（2020）。《戰後嬰兒潮世代使用 LINE 之研究：參與感、社交存在感與孤獨感》。國立高雄師範大學軟體工程與管理學系碩士論文。

劉冠吟（2018）。《台灣韓流偶像歌迷對韓國應援文化的接收與實踐》。輔仁大學大眾傳播學研究所碩士班碩士論文。

劉韋伶（2010）。《偶像商品與消費：以台灣傑尼斯迷為例》。元智大學社會暨政策科學學系碩士論文。

鄭仕傑（2019）。《黃金世代中高齡年長者人際關係網路、社會資本及社會連結對心理幸福感之影響──以 LINE 為例》。國立高雄師範大學軟體工程與管理學系碩士論文。

鄭喬予（2018）。《中高齡在社群網路資訊分享之動機與需求——以LINE APP為例》。國立台灣科技大學數位學習與教育研究所碩士論文。

盧燕（2017）。《新媒體語境下的迷文化研究——以《星球大戰》粉絲群為例。大眾文藝》，2017(17), 235。

薑永淞（2012）。《台灣青少年次文化消費群比較研究：禦宅族與流行音樂追星族之實證》。國立中山大學企業管理學系研究所博士論文。

魏伶諭（2016）。《中高年齡者對 LINE 使用經驗與想法之研究》。國立嘉義大學視覺藝術學系研究所碩士論文。

龐桂方（2019）。《迷的情感經濟與勞動：防彈少年團（BTS）與迷的社群媒體實踐》。國立政治大學傳播學院傳播碩士學位學程碩士論文。

饒怡雲（2006）。《融化師奶的北極星——師奶迷戀偶像之消費行為研究：以裴勇俊粉絲為例》。國立中正大學行銷管理研究所碩士論文。

Bakhtin, M.M. (1968). *Rabelais and his world*. Trans. Hélène Iswolsky. Cambridge, MA: MIT Press.

Dell, C.E. (1998). ' "Look at that hunk of a man": Subversive Pleasures, female fandom and professional wrestling', in C. Harris and A. Alexander (eds) *Theorizing fandom: Fans, subculture and identity*. Cresskill, NJ.: Hampton Press.

Fiske, J. (1989a). Reading the popular. London: Routledge.

Fiske, J. (1989b). Understanding popular culture. London: Routledge.

Fiske, J. (1992). The cultural economy of fandom. London: Routledge.

GlobalWebIndex (2019). *The consumer trends to know: 2019*. Available at: https://www.globalwebindex.com/2019-consumer-trends

Ho, Swee-Lin (2012). 'Emotions, Desires and Fantasy: What Idolizing Means for Yon-sama Fans in Japan', In Patrick W. Galbraith and Jason G. Karlin (eds) *Idols and celebrity in Japanese media culture*, pp.166-181. London,

UK: Palgrave.

Radway, J. (1987). Reading the romance: Women, patriarchy and popular literature. London: Viking.

Sade-Beck, L. (2004). Internet ethnography: Online and offline. International journal of qualitative methods 3(2), 1-14.

Sandvoss, C. (2005). Fans: The mirror of consumption. Oxford; Malden, MA: Polity.

We Are Social and Hootsuite (2020). *Global Digital 2020 Reports*. Available at: https://wearesocial.com/global-digital-report-2020

Zheng, P., Liang, X., Huang, G., & Liu, S. (2016). Mapping the field of communication technology research in Asia: Content analysis and text mining of SSCI journal articles 1995-2014. Asian Journal of Communication, 26 (6), 511-531.